Fritz Dominik Buri

Von Gästen zu Freunden

Das 1x1 der persönlichen Gästebindung

Impressum:

Von Gästen zu Freunden
Das 1x1 der persönlichen Gästebindung

Taschenbuch
Kindle Reader
Erschienen: Dezember 2013
Erhältlich bei: Amazon
ISBN Nummer: **ISBN-13: 978-1494710231**

1. Auflage 2013
Cover: Fritz Dominik Buri
Autor: Fritz Dominik Buri

Kategorie: Ratgeber

Seitenanzahl: 93

Inhaltsverzeichnis

Vorwort oder vom Blitz getroffen — Seite 4

Der Grundgedanke dahinter — Seite 7

Das einzige das stört ist der Gast — Seite 11

Kinder und Hunde wissen genau in welches Restaurant sie wollen — Seite 18

Eine kleine Gefälligkeit gewünscht — Seite 22

Andere Fragen führen zu anderen Überlegungen — Seite 29

Das Pareto Prinzip auf die Gastronomie umgemünzt — Seite 37

Von Nachahmern und anderen Übeltätern — Seite 42

Die nötige Vorstellungskraft — Seite 46

Liefern Sie was gewünscht ist! — Seite 53

Was wir von Steve Jobs lernen können — Seite 57

Menschen haben Wünsche! — Seite 64

Bieten Sie Service – tagein, tagaus! — Seite 69

Nebensächlichkeiten doch von Bedeutung — Seite 74

Der Mitarbeiter hat das Wort — Seite 79

Fassen wir also zusammen — Seite 88

Über den Autor — Seite 93

Vorwort oder vom Blitz getroffen

Als erstes möchte ich Ihnen lieber Leser und liebe Leserin, meinen Dank dafür aussprechen dass Sie sich für „Von Gästen zu Freunden" entschieden haben und somit zum Erwerb dieses Buches.
Dieses Buch ist an Sie gerichtet, an Sie als interessierten Leser und Leserin und es soll Ihnen mit einfachen Methoden aufzeigen, wie Sie aus Ihren Gästen Freunde machen und wie Sie sich mit Aktionen von der breiten Masse abheben können.

Denn – wo gehen Sie gerne hin?
Dorthin, wo Sie als Gast willkommen sind und gerne gesehen sind!

Kochsendungen und Kochbücher gibt es zuhauf und ich sehe mir sehr gerne Kochsendungen an und studiere auch immer mal wieder gerne neue Rezepte aus den verschiedensten Kochbücher, dies einfach weil ich gerne koche und Gäste verwöhne, denn Essen und Trinken waren schon seit Anbeginn der Zeit und ganz sicher, wie wir inzwischen aus Geschichtsbüchern wissen, schon bei den alten Römern stets ein Zeichen für Lebensfreude und Genuss.
Doch etwas gibt es nicht, nämlich Bücher als Ratgeber für Gastronomen, Bücher über eine gelungene Gästebindung, einen gezielten Aufbau einer treuen und somit stets wiederkehrenden Kundschaft und von neuen Gästen.
Denn, leider ist dies eine weitverbreitete Tatsache geworden, dass vielerorts Betriebe mit Umsatzrückgang zu kämpfen haben und dies teils am Ende in einer Insolvenz für den entsprechenden Betrieb endet.

Also ist genau in diesem Bereich, der zielgerichteten Gästebindung ein gewaltiger Nachholbedarf da und die Idee zu diesem Buch hat mich buchstäblich wie ein Blitz aus heiterem Himmel getroffen.
So bin ich hingesessen und habe angefangen aufzuschreiben und es fiel mir wirklich leicht dieses Buch zu schreiben, die Ideen und Zeilen schossen mir ebenfalls buchstäblich wie von selbst auf das Papier, resp. die Tastatur.
Mir kommt es (wenn auch erst jetzt im Nachhinein) so vor, als wollte dieses Wissen das sehr lange in mir schlummerte endlich an die Öffentlichkeit, sprich geschrieben werden.
Ich habe viele Jahre selbst Betriebe geführt und erzähle Ihnen hier also aus meinen persönlichen gemachten Erfahrungen im täglichen Kontakt zu den Gästen und Mitarbeitern, Sie lieber Leser werden also keine staubtrockene graue Theorie von mir zu lesen bekommen, sondern praktisches Wissen von dem Sie das meiste sofort und gleich in die Tat umsetzen können und dafür sorgen, dass Sie Ihre Beziehung zu ihren Gästen und Mitarbeitern ganz neu definieren.
Und noch etwas habe ich beim niederschreiben dieses Buches festgestellt, ein tiefes Gefühl der Dankbarkeit und der Freude in mir, dankbar deshalb, Ihnen meine Erfahrungen weitergeben zu dürfen auf ihrem Weg zu neuen Erkenntnissen und Einsichten.
Und Freude darüber, das mir das Schreiben derart leicht von der Hand gegangen ist, wie schon erwähnt hatte und habe ich den Eindruck, als wollte dieses Buch schon lange geschrieben werden, so wie wenn Ihnen eine innere Stimme ins Ohr flüstert, na endlich hast du es erfasst, guter Junge.

Es ist mir ein aufrichtiges Anliegen Ihnen mit diesem vorliegenden Buch einen echten Nutzen und Mehrwert für sich selbst und Ihren Betrieb geben und vermitteln zu können.

Einen Mehrwert auch für Ihre Gäste und ihre Mitarbeiter, eben all den Menschen mit denen Sie jeden Tag in Kontakt sind und dadurch, dass Sie nach der Lektüre dieses Buches ein paar Dinge mit anderen Augen sehen werden (davon bin ich überzeugt) und eine neue Art der Bindung eingehen und aufbauen werden.

Die Methoden der Gästebindung funktioniert, ich habe Sie selbst angewendet, jeden Tag angewendet und, wie man das von funktionierenden Methoden auch erwarten darf, die gewünschten Resultate.
Und dies nicht nur einen Tag, nein dauerhaft denn Sie wollen schliesslich kein Sturm im Wasserglas über den Zaun brechen, Sie haben dieses Buch gekauft und lesen es, weil Sie dauerhaft etwas verändern wollen und ich als Autor bin es Ihnen schuldig, Sie für Ihre Zeit und Mühen und Ihr Geld, einen wirklichen Nutzen zu erbringen.
Dies aus folgendem Grund:
In meiner langjährigen Tätigkeit als Gastronom, Coach und Privatmann habe ich die Erfahrung gemacht, dass nur langfristige auf Respekt, Achtung und Wertschätzung beruhende Beziehungen einen echten Nutzen für die Beteiligten garantieren.
Und noch eine wichtige Quintessenz möchte ich an dieser Stelle erwähnen, die für einen langfristigen Erfolg in jeder Branche unabdingbar ist:
Sorgen Sie stets für eine Win Win Situation für alle Seiten, also alle Seiten sollen von der Zusammenarbeit mit Ihnen profitieren, es gibt nur Gewinner und keine Verlierer in diesem Spiel.

Kurzfristige Erfolge sind wie Lügen und diese haben bekanntlich kurze Beine.

Genauso wie für mich Nachhaltigkeit und Beständigkeit zwei wichtige Werte in meinem Leben darstellen, so soll auch dieses Buch für Sie und Ihrem Betrieb Beständigkeit und Nachhaltigkeit vermitteln, so dass Sie, Ihre Gäste und Mitarbeiter sich in einer Win Win Situation wiederfinden.

In der Gastronomie haben wir es mit Menschen aller Herrenländer und Rassen zu tun und ich finde, das ist genau das was dieses Metier ausmacht, diese Vielfältigkeit, denn wo sonst frage ich Sie, kann man so viel für die Völkerverständigung beitragen wie in der Gastronomie, wenn nicht dort, wo bitteschön sonst!
Doch nun genug der Worte, lassen Sie uns gemeinsam ans Werk gehen, weswegen Sie ja auch dieses Buch gekauft haben.
Lassen Sie uns also nun gemeinsam diesen Weg beschreiten um aus Ihren Gästen Freunde zu machen, sind Sie einverstanden?

Sehen Sie es von der Seite; Ihre fixen Kosten haben Sie so oder so, ob Ihr Geschäft nun voll oder leer ist und den Mitarbeitern und dem Elektrizitätswerk können Sie nicht sagen, „Sorry Leute, es war eben ein schlechter Monat und so ist für euch diesen Monat nichts drin, doch wir sind zuversichtlich dass es bald besser wird!"

Und nichts, selbst Entschuldigungen oder Rechtfertigungen ändern nichts an der Tatsache, dass nur der Besuch von Gästen die bei Ihnen essen und trinken dafür sorgen, dass ein Austausch von Geld stattfindet.
Und, weder Sie noch Ihre Mitarbeiter werden für Ihren Aufwand belohnt.

In diesem Buch werde ich Ihnen wertvolle Informationen liefern, und was ich zu sagen habe, beruht auf meinen Erfahrungen, nicht auf irgendeiner Theorie, die sich irgendwer in einem imposanten Elfenbeinturm ausgedacht hat.
Sehen Sie, ich kenne mich aus und habe mein Lehrgeld bezahlt.
Profitieren Sie von meiner Erfahrung und ersparen Sie sich unnötige Ausgaben und Investitionen, denn, warum alle Erfahrungen selber machen, wenn jemand anderer für Sie bereits seine Erfahrungen gesammelt und gemacht hat und an Sie nun weitergibt.

Dann würde ich sagen, legen wir los ☺

Herzlichst

Ihr Fritz Dominik Buri

Der Grundgedanke dahinter

Lassen Sie uns nun also ans Eingemachte ran.
Wir leben in einer schnelllebigen Zeit, neue Produkte und Dienstleistungen entstehen fast jeden Tag, vieles ist sinnvoll und einige Produkte sind es eher nicht und werden daher genauso rasch vom Markt wieder verschwinden wie sie aufgetaucht sind.

Vieles, was vor einigen Jahrzehnten noch undenkbar schien und als Science Fiction abgetan wurde, ist heute Realität und was nicht als normal galt, wurde sowieso beiseitegeschoben.
Und was als normal gilt, bedeutet dass die breite Masse auf diese Weise vorgeht und handelt, doch wenn die breite Masse normal handelt, heisst das nicht, dass dies auch gut ist, es ist einfach normal, weil alle es so machen.
Denn man kennt nichts anderes und macht es deshalb so, wie man das von Sätzen in der Art „alle machen das so" oder „wir haben das schon immer so gemacht, wie alle anderen auch".
Galt bis vor ein paar Jahren noch ein patriarchischer Führungsstil als normal, der Chef befiehlt und die unten haben zu kuschen und den Anweisungen Folge zu leisten, so hat sich gottseidank in dieser Hinsicht einiges geändert.
Und auch bei dieser Art von Führung hat man gemerkt, dass dies war der normale Führungsstil dieser Zeit war, doch dass dies deswegen nicht der beste Führungsstil ist, stellte niemand in Frage, es ist so wie es ist und damit basta.

Wie bereits erwähnt durchleben wir zurzeit einen Wandel der durch alle sozialen Schichten geht.
Altbewährtes wird nicht länger als unumstösslich hingenommen und die Menschen fangen an, sich ihre eigenen Gedanken zu machen und hinterfragen Systeme und Abläufe.
Nicht nur technologisch sind neue Denkansätze gefragt und im Kommen, nein auch die Menschen selbst fangen an sich Fragen zu stellen, Fragen nach dem Sinn des Lebens und sie suchen nach Antworten, auch Antworten für ein besseres Verständnis untereinander.
Ein interessierter Mitarbeiter will heutzutage wissen, was im Betrieb läuft und will deshalb informiert und einbezogen werden, verbringen Angestellte doch einen grossen Anteil ihrer Zeit im Geschäft.
Und so ist es auch verständlich dass ein Mitarbeiter auch wahrgenommen und respektiert werden will, dass ein Chef ihm vertraut und ihm auch Kompetenzen einräumt, denn Bevormundung mag niemand wirklich, wir haben es stets mit erwachsenen Menschen zu tun und diese wollen auch entsprechend behandelt und wahrgenommen werden.

Auf der anderen Seite sind die Gäste anspruchsvoller und das Angebot breiter geworden, sie erwarten für ihr Geld mehr als nur Essen und Trinken serviert zu bekommen, der Besuch im Restaurant soll zu einem Ritual werden.
Dienten früher Hotels und Restaurants hauptsächlich dem Zweck, due Grundbedürfnisse wie essen trinken und schlafen zu befriedigen, ist auch da ein rasanter Wandel vonstattengegangen.
Wellness lautet das Schlagwort, und kaum ein Hotel wollte und konnte es sich leisten, diesem Trend sich nicht anzuschliessen.

Ja, der Gast von Heute ist anspruchsvoller und wählerischer geworden und er kann es sich erlauben wählerisch zu sein, denn selbst in kleinen Dörfern ist das Angebot an Gaststätten gewaltig um nicht gar von einem Überangebot zu schreiben.
Der zahlende Gast hat also die Qual der Wahl und was macht jemand der die Qual der Wahl hat?
Richtig, er geht dorthin wo er – in seinen Augen – das beste Preis Leistungsangebot erhält, warum sich mit weniger begnügen, wenn man mehr für sein Geld erhält.

Wenn wir auch hier die Entwicklung in den letzten Jahrzehnten mitverfolgt haben, so sehen wir, dass die Erlebnisgastronomie Einzug gehalten hat, die Bedürfnisse der Jugendlichen änderten sich im Wandel der Zeit, einfach in einen Restaurant oder Bar zu gehen um etwas zu trinken war plötzlich nicht mehr cool, Halli Galli und andere Konzepte mussten her.

Doch viele dieser Konzepte sind mittlerweile wieder verschwunden, das schnelle Geld wurde von dem Betreibern gemacht und darauf waren diese Konzepte auch ausgelegt, in ein bis zwei Jahren richtig absahnen und dann etwas Neues.
Ihnen folgten auf dem Fusse die Döner und Schnellimbiss Buden die in den letzten zehn Jahren wie Pilze aus dem Boden schossen und teilweise der klassischen Gastronomie das Wasser und somit die Mittagsgäste abtrugen.
Doch auch hier, wir werden in einem anderen Kapitel weiter hinten in diesem Buch auf diese Thematik noch eingehen und ich werde Ihnen zeigen, wie Sie auch da mithalten können, indem Sie flexibel reagieren.

Konzerne wie Migros oder Coop haben erkannt, dass Kinder die Kunden von Morgen sind und dass Kinder sehr hartnäckig sein können, wenn sie etwas wollen.
Und zugegeben, wenn Sie als Leser selbst die Eltern von Kinder sind, dann wissen Sie wovon ich hier gerade schreibe, Kinder im Alter von sechs bis zwölf Jahren können richtig kleine Nervensägen sein wenn sie sich etwas in den Kopf gesetzt haben, das sie haben wollen.
Auch in der Gastronomie sind Kinder eine Zielgruppe denen viele viel zu wenig Aufmerksamkeit schenken und ich werde Ihnen in einem anderen Kapitel aufzeigen, dass Kinder Ihr Geschäft durch neue Kundschaft ganz schön beleben kann.

Doch kommen wir wieder zurück zum Grundgedanken der mich veranlasst hat, dieses Buch zu schreiben.
Der rasante Wandel hat auch vor der Gastronomie nicht Halt gemacht und viele Gastronomen haben es verschlafen, sorry wenn ich es so schreibe, doch sie haben es verschlafen die Zeichen der Zeit zu erkennen um flexibel genug auf die neuen Bedürfnisse und Situationen zu reagieren.
Teilweise mussten alteingesessene Betriebe ihre Türen für immer schliessen, weil sie die Zeichen der Zeit nicht erkannt haben oder nicht bereit waren, sich den neuen Herausforderungen zu stellen.
Mein Buch soll Ihnen, dem Leser dazu dienen, ihm neue Anregungen zu vermitteln, sich andere und zwar schlaue Fragen zu stellen, die Dinge zu hinterfragen und neu zu überdenken.
Und selbst von erfolgreichen Betrieben hört und liest man immer wieder, dass auch sie zu kämpfen haben um den Umsatz und die Gäste halten zu können, um ihre Stellung im Markt behaupten und aufrecht zu erhalten.

Was ist er Grund hierfür?
Haben die Leute weniger Geld als früher?
Gehen die Menschen weniger oft auswärts essen als früher?
Teils mögen diese Gründe ihre Berechtigung haben, jedoch sind dies nicht die wahren Gründe für den Rückgang!
Statisch gesehen haben die Menschen viel mehr Geld zur Verfügung als früher.
Liegt es dann am Ende gar an der Mobilität?
Nein, die Menschen sind heutzutage mobiler als jemals zuvor in der Geschichte der Menschheit, in vielen Städten und Agglomerationen ist das öffentliche Verkehrsnetz hervorragend ausgebaut um wochentags und an den Wochenenden bis zwei Uhr nachts noch nach Hause zu kommen, will man in Ruhe etwas trinken und sich den Stress des Parkplatz suchen ersparen.
Worin liegt der Gästerückgang dann zu suchen?

Wenn er nicht im aussen zu suchen ist, wo dann?
Im Innern!
Genau, im Innern das heisst bei der Gastronomie, resp. den Hotels und Restaurants selbst.
Eine Studie in Österreich aus dem Jahre 2010 wollte genau den obigen Fragen auf den Grund gehen um herauszufinden, woran und was die Gründe für den Gästeruckgang sind!
Tausend Hotels und Gaststätten wurden anonym getestet indem man darauf achtete, ob der Service einen aktiven Verkauf betreibt, die Gäste freundlich begrüsst und auch wieder verabschiedet wurden, Testanrufe wurden gemacht um zu testen, ob man auch am Telefon kompetent beraten wird.
Das Ergebnis war ernüchternd:
Bei der Hälfte der getesteten Betriebe wurde kein aktiver Verkauf und von einem Zusatzverkauf ganz zu schweigen betrieben.
An die siebzig Prozent konnten keine genauen Angaben am Telefon machen wie deren Öffnungszeiten sind und vierzig Prozent konnte nicht sagen ob sie eine Bankettdokumentation hatten oder wann der Chef oder Geschäftsführer im Betrieb anwesend sein wird.
Es waren noch weitere Punkte bei dieser Studie aufgeführt die allesamt als kein gutes Zeugnis für die Gastronomie herangezogen werden konnten.

Dies führt uns zu folgender Erkenntnis:
In einem Betrieb ist es dasselbe wie bei einer Einzelperson, will ein Unternehmen (Betrieb) andere Ergebnisse im Aussen (Gäste) erreichen, muss erst im Innern (Betrieb) eine Veränderung stattfinden, bevor diese Veränderung im Aussen sichtbare Verbesserung und somit andere Resultate bringt.

Auch für diese erfolgreichen Gastronomen habe ich immer noch Tipps in meinem Buch, sich zu überlegen und herauszufinden, was erfolgreich ist und was mit als Wirt oder Hotelier den grössten und meisten Umsatz bringt und dann, weiss ich erst mal, wo ich mit dem Unternehmen Geld verdiene, diesen Bereich zu verstärken.

Vielleicht sagt Ihnen der Begriff das Pareto Prinzip etwas, nach dem Italiener Pareto benannt.
Es geht um die 80/20 Regel.
Für die Gastronomie würde das heissen, dass wir mit zwanzig Prozent unserer Kunden achtzig Prozent unseres Umsatzes erwirtschaften, das wir mit zwanzig Prozent unserer Hotelzimmer achtzig Prozent des Umsatzes bei den Übernachtungen erwirtschaften usw.
Diese Regel wurde von diesem Herrn herausgefunden, indem er seine Beobachtungen und Berechnungen machte über Jahre hinweg, eben das ein Unternehmen mit zwanzig Prozent seiner besten Kunden achtzig Prozent Umsatz erwirtschaftet, dass zwanzig Prozent des Aussendienstes achtzig Prozent des gesamten Umsatzes des Aussendienstes generieren.
Wie Sie diese 80/20 Regel für Ihren Betrieb anwenden können erkläre ich Ihnen in einem anderen Kapitel in diesem Buch.

Und genau mit diesem Grundsatz bin ich an dieses Buch herangegangen, bei den Gastwirten und Hoteliers sowie seinen Mitarbeitern erst eine innere Veränderung auszulösen, damit anschliessend eine sichtbare äussere Veränderung, resp. Verbesserung stattfindet.
Wenn Sie nun denken, dass dies ein schwieriges Unterfangen ist, dann kann ich Sie beruhigen lieber Leser.
Alles was Sie brauchen ist der Wunsch, etwas verändern zu wollen, eine offene Geisterhaltung und… zuletzt, etwas guten Willen.
Mit diesen drei Eigenschaften haben Sie bereits die halbe Wegstrecke geschafft.
Für die andere Hälfte des Weges bin ich Ihr Wegbegleiter, einverstanden.
Denn, wenn ich das geschafft habe, dann bin ich überzeugt dass Sie das auch können, denn den Wunsch nach Veränderung ist in ihnen, denn sonst hätten Sie dieses Buch nicht gekauft.

Also gehen wir weiter auf unserem Weg zum nächsten Kapitel.

Alles was stört, ist der Gast

Ja, diese Feststellung musste ich auch schon machen, nämlich dass ich ungelegen komme und somit auch unerwünscht bin.

Wenn ich doch als Gast unerwünscht bin, warum schliesst ihr dann euren Laden nicht einfach ab, hängt ein Schild raus *wir haben geschlossen* und die Sache ist gegessen und kein Gast braucht mehr den Betrieb wieder zu verlassen, hier komme ich nie wieder her, denn hier bin ich unerwünscht.

Ach, wie wäre das Leben doch schön wenn nur die Arbeit nicht wäre und mit der Arbeit all die nervigen Gäste mit ihren kleinen oder grossen Wünschen.

Wenn Sie diese Einstellung haben sollten oder ein Mitarbeiter in ihrem Betrieb auf die zahlende Kundschaft losgelassen wird, würde ich an dieser Stelle empfehlen, ganz schnell die Stelle und Branche zu wechseln.

Doch selbst in einer anderen Branche, wir haben es immer mit Menschen zu tun und kein Mensch überlebt für sich alleine.

In einer anderen Branche werden Sie es vielleicht mit anderen Kunden und anderen Wünschen und Anliegen zu tun haben, doch auch in anderen Branchen können gewisse Kunden eben nun einfach mal nervig sein oder bitten um etwas das über den Rahmen des Üblichen hinausgeht – und nun, geht deswegen die Welt unter.

Mitnichten.

Doch an der ganzen Überlegung ist der Grundgedanke schon falsch, denn wo Niemand ist, kann auch Niemand nerven oder stressen, richtig.

Egal also, wir haben es immer mit Menschen zu tun, selbst im Privatleben haben wir es mit Menschen zu tun die etwas von uns wollen und wenn es nur der Müll ist von dem unser Partner erwartet, dass wir ihn nach draussen bringen.

Und es spielt weiter auch keine Rolle ob es der Döner Laden um die Ecke oder das Bistro im Einkaufszentrum ist, oder gar ein Hotel, all diese Betriebsarten und jedes andere Unternehmen lebt davon, dass es Kunden hat mit denen es im Austausch steht, in der Gastronomie als Gäste die den Betrieb aufsuchen.

Denn – keine Gäste = kein Umsatz und kein Umsatz heisst= kein Verdienst.

Um überleben zu können brauchen wir Gäste die zu uns essen und trinken und oder auch übernachten kommen, also unsere Dienstleistung gegen Geld in Anspruch nehmen und sie erwarten im Gegenzug eine entsprechende Behandlung und Bedienung als Gast und als die Person, die Geld bringt und den Angestellten und dem Besitzer die Existenz sichert.

So ist der Kreislauf der Wirtschaft.

Habe ich nichts dass ich gegen Geld eintauschen kann, so erziele ich auch keine Einnahmen, nicht mehr und nicht weniger.

Ich weiss, gewisse Mitarbeiter in der Gastronomie glauben wohl, ihr Lohn wird von lieben Gott bezahlt oder der Chef hat einen reichen Onkel oder haben sonst welche dubiosen Vorstellungen woher und womit ihr Lohn bezahlt wird.

Sie beziehen Ihren Lohn vom Gast und deshalb sorgen Sie dafür das Ihr Gast immer wieder und vor allem gerne zu Ihnen kommt um so den Betrieb langfristig am Leben zu erhalten.

Sie glauben vielleicht dass ich im Moment etwas übertreibe, doch ich kann Ihnen versichern, ich habe schon Mitarbeiter in der Gastronomie erlebt, die wirklich dachten ihr Lohn würde von irgendwoher bezahlt, woher egal denn solange der Lohn kommt interessieren sich solche Leute auch nicht woher das Geld kommt, Hauptsache es kommt, wie und woher ist doch egal.
Nein, so egal ist das nicht und Sie als Firmeninhaber sollten dies Mal Ihren Angelstellten deutlich vor Augen führen, woher deren Lohn kommt.
Einige werden Sie dann vielleicht verwundert anschauen, doch diese Mitarbeiter werden es dann begriffen haben und sich entsprechend am Riemen reissen.
Gewisse Leute muss man eben aus ihren Träumen holen und klarmachen, wie der Kreislauf der Wirtschaft funktioniert und davor sollten Sie sich als Chef und Arbeitgeber auch nicht drücken, sondern es hilft Ihnen bei dem Mitarbeitern für ein besseres Verständnis zu sorgen und weniger zu jammern wenn der Laden mal wieder gerammelt voll ist.

Selbst ein Angestellter tauscht seine Zeit gegen Geld und arbeitet im Hotel XY so und so viele Stunden im Monat und kriegt als Gegenleistung für seine geleisteten Stunden am Ende des Monats seinen Gehaltscheck.
Oder kennen Sie jemanden der gratis arbeitet oder ein Unternehmen das seine Produkte oder Dienstleistungen verschenkt aus einem Impuls der Güte und Barmherzigkeit heraus?
Wohl kaum und warum ist das so?
Weil unsere Gesellschaft, das heisst unser Wirtschaftssystem so aufgebaut ist, dass man für den Erhalt von Produkten oder Dienstleistungen einen Gegenwert erbringen muss, also Geld.
Somit braucht ein Gastronomie Unternehmen damit es überleben kann, Gäste die in den Betrieb kommen um zu essen und zu trinken.

Wir sehen also, wir haben es immer und überall mit Menschen zu tun und ohne Menschen und zahlenden Kunden geht nicht viel und auch ein Hotel oder Restaurant muss einen gewissen Umsatz tätigen wenn es offen hat um all seinen Verpflichtungen nachzukommen, denn Ende Monat will nicht nur der Mitarbeiter seinen Lohn, ebenso das Elektrizitätswerk, die Lieferanten und alle anderen wollen Bares sehen.
Die einfache Regel lautet: keine Gäste = kein Umsatz.

Nicht jeder Tag ist ein Spitzentag und aus einiger Erfahrung weiss ich, dass man auch gelegentlich umsatzschwache Tage hat, doch sollten diese umsatzschwachen Tage nicht zum Dauerzustand werden sonst gehen dann die Türen für einen längeren Zeitraum zu.
Und die Konsequenz davon, die Angestellten müssen sich wohl oder übel nach einem neuen Job umsehen, unwichtig wie lange sie im Betrieb gearbeitet haben und was für ein tolles Arbeitsklima doch geherrscht hatte, wenn der Ofen aus ist, dann ist er aus.
Und der Hotelier und Gastwirt selbst?
Nicht selten stehen diese Menschen vor einem finanziellen Desaster was nicht selten in einem Konkurs endet.
Dies muss nicht sein und der Wirt oder Hotelier hatte sich das Ganze bestimmt ganz anders vorgestellt als den Scherbenhaufen den er am Ende vor sich hat.

Also ist der Gast kein Faktor der stört, sondern eine Person die mithilft dafür zu sorgen dass es zu keinem Desaster kommt, darum sollte jeder Gast auch wenn er nur einen Kaffee trinkt mit Freundlichkeit und aufmerksam bedient werden.

Im Grunde genommen logisch werden Sie mir nun antworten und das sollte man auch meinen, doch das ist leider nicht der Fall wie Sie bereits in der erwähnten Studie aus Österreich gesehen haben.

Denn wenn mehreren Mitarbeitern bewusst wäre, woher ihr Lohn kommt und letztendlich für ihren Gehaltscheck aufkommt, dann hätte das Resultat der Studie ganz anders ausgesehen.

By the way, in Deutschland und in der Schweiz wären die Ergebnisse ähnlich gelagert gewesen wie in Österreich.

Doch leider, so könnte man meinen, herrscht diese getrübte Sichtweise nur bei den Angestellten, und die Wirte würden in ein anderes Rohr pfeifen – weit gefehlt!

Bei einem Besuch in einem Restaurant über die Mittagszeit, waren ich und ein anderer Gast die einzigen beiden Personen die etwas zu Mittag assen, ausser uns beiden hatte es noch zwei Personen im Restaurant von denen jeder nur einen Kaffee trank.

Also nicht gerade das was man als volles Haus über Mittag bezeichnen konnte.

Auf meine Frage hin (der Wirt sass am Stammtisch und füllte ein Kreuzworträtsel aus) wie er zufrieden sei, antwortete er mir, „ich bin zufrieden wie es läuft"!

Aha, dachte ich mir, interessant bei zwei verkauften Mittagessen und zwei Kaffees.

Ungefähr drei Monate später für ich wieder bei besagten Restaurant vorbei und sah eine Tafel vor dem Eingang stehen *Bis auf weiteres geschlossen* las ich auf der Tafel.

Weitere Erklärungen erübrigen sich in diesem Zusammenhang.

Gäste sind Kunden und spülen Geld in die Kasse des Betriebes umso das Überleben des Unternehmens zu sichern, gehen die Umsätze und Gäste zurück ist dies ein erstes Alarmzeichen, dass etwas geändert werden sollte und zwar schnell.

Sonst heisst es dann plötzlich vor der Eingangstüre ebenfalls Bis auf weiteres geschlossen.

Vergraulen wir also unsere zahlenden Gäste durch ein unfreundliches Auftreten, schlechtes Essen, Unaufmerksamkeit oder mangelnder Hygiene so dürfen wir uns nicht wundern, wenn die Gästezahl immer mehr und mehr abnimmt.

Da hilft auch kein Jammern und die Fehler im aussen zu suchen, in der Politik oder dass die Wirtschaftskrise schuld ist, dass der Betrieb zu kämpfen hat.

Denn es gibt erfolgreiche Gastronomie Unternehmen die stets gut besucht sind und von denen keine Worte des Klagens kommen.

<u>Sehen Sie sich um und beobachten Sie die erfolgreichen Unternehmen in der Branche, was machen diese anders als die Masse damit sie so erfolgreich sind.</u>

Und Sie werden feststellen, dass erfolgreiche Unternehmen etwas anders machen, sie legen Wert auf Freundlichkeit und Zuvorkommenheit und geben dem Gast das Gefühl, du bist bei mir willkommen, was kann ich für dich tun lieber Gast um dir den Aufenthalt in unserem Hause so angenehm wie möglich zu gestalten.

Mit genau dieser Einstellung und Sichtweise dem Kunden gegenüber sollten erfolgreiche Restaurants und Hotels arbeiten und dem Gast das Gefühl vermitteln, du bist mir wichtig und herzlich willkommen, also eine gelebte Gastfreundlichkeit.

Dies kostet Sie kein Geld, nur die Bereitschaft zu dienen denn im Wort Bedienung ist das Wort *dienen* enthalten und dienen bedeutet nichts anders als, Wünsche erfüllen für das Wohlergehen des Anderen.

Tragen Sie also stets den Gedanken des Wohlergehens für Ihre Gäste in ihren Bemühungen aufrecht und sorgen Sie bei ihren Mitarbeitern ebenfalls dafür, dass diese dies begriffen haben, und zwar dass dies alle begriffen haben, sowohl die Küche wie auch der Service, der Empfang und die Etage – kurzum alle Angestellten im Unternehmen sollten sich diese Geisteshaltung an den Tag legen und wenn einer davon nicht dazu im Stande oder Willens ist, dann sollten Sie sich von diesem Mitarbeiter trennen, denn er oder sie wird ihrem Unternehmen und dem Ruf des Hauses schaden.

Und ich denke, Sie wollen und können als Wirt oder Hotelier es sich nicht leisten Mitarbeiter an Bord zu haben die Ihnen mehr Schaden als Nutzen bringen.

Und hier noch eine Anmerkung für alle Personen, die direkten Kontakt mit dem Gast hat, also an der Front sind!

Sie repräsentieren das Unternehmen nach draussen beim Gast und seinen Begleitern.

Ist das Essen einmal kalt oder wurde eine falsche Beilage geliefert, können Sie das mit Freundlichkeit und Charme rasch wieder wettmachen.

Hingegen, wird das beste Essen und der beste Wein unfreundlich und mit einem unflätigen Verhalten serviert und vorgetragen, erhält der Gast den Eindruck, ich und meine Gäste sind hier wohl nicht willkommen und er und auch seine Gäste werden es sich zweimal überlegen, ob sie dieses Hotel oder Restaurant ein weiteres Mal besuchen werden.

Das Gedankenspiel endet noch nicht an dieser Stelle und geht noch weiter.

Der Gast und seine Begleiter die vergrault wurden, wird nicht sagen, Herr Müller von Restaurant X war unfreundlich und schlampig, oder Fräulein Huber von Hotel K war schnippisch und mies gelaunt sowie unpersönlich.

Die Gäste werden folgendes zu ihren Bekannten und Freunden sagen;

„Das Restaurant X kann ich gar nicht empfehlen und rate daher dringend von einem Besuch ab" oder „ Wie das Hotel K, da wollen Sie uns einladen, nein gerne in ein anderes Hotel doch nicht ins K, denn da haben wir sehr schlechte Erfahrungen gemacht, gehen wir lieber zum Griechen essen da ist die Bedienung freundlich und zuvorkommend"

Sie sehen also, es heisst nicht Herr Meier oder Fräulein Huber, nein, es heisst ihr Betrieb wird stellvertretend für den fehlbaren Mitarbeiter in Mitleidenschaft in der Öffentlichkeit gezogen und das nur, weil ein Mitarbeiter an der Front sich unprofessionell verhalten hat.

Mürrische und unzufriedene Mitarbeiter und Chefs haben nichts an der Front verloren, sie schaden als nützen dem Unternehmen mehr, sollten sie meinetwegen den Weinkeller aufräumen da vergrämen sie wenigstens keine zahlenden Gäste.

Bedenken Sie und tragen Sie dem folgenden Umstand Rechnung.

Negative Nachrichten verbreiten sich immer schneller als Positive und aus dem Grund erwähnen die meisten Menschen mehr das negative als das positive wenn es darum geht, seine Erfahrungen an anderen Menschen und Bekannten weiterzugeben.

Eine einfache Frage an Sie?

Können Sie es sich leisten, dass zweihundertfünfzig (250) Personen schlecht über Ihren Betrieb reden und nicht mehr bei Ihnen einkehren?

Sie werden sich nun fragen was das mit der Zahl zweihundertfünfzig zu tun hat und wie dies zu verstehen ist?

Nun, Berechnungen haben ergeben, dass ein Durchschnittsbürger (also kein Promi oder Person aus dem öffentlichen Leben) im Durchschnitt bis zu seinem fünfundvierzigsten Lebensjahr zweihundertfünfzig Personen kennt, aus seiner Schulzeit, Ausbildung, den Stellen die er schon innehatte, Vereinen Hobbies etc.

Diese Zahl ist nicht einfach willkürlich dahingeschrieben, sondern beruht auf Berechnungen die angestellt wurden, dass eine Person im Verlaufe seines Lebens bis zum Alter von fünfundvierzig so viele Leute kennt, egal ob Mann oder Frau.

Nun frage ich Sie also, können Sie es sich als Hotelier oder Gastwirt erlauben mit zweihundertfünfzig Personen auf Kriegsfuss zu stehen, nur weil ein Mitarbeiter ihre Gäste durch seine Art und Weise vergrault hat?

Ich glaube die Antwort zu kennen und Sie bestimmt auch, Sie können sich dies nicht leisten.

Vielleicht haben Sie das Ganze noch nie von dieser Seite her betrachtet, dann ist es gut und an der Zeit, sich mal darüber Gedanken zu machen um zu begreifen, dass nur schon ein einzelner Gast ausreichen kann (theoretisch gesehen) dass aufgrund dieses Gastes zweihundertfünfzig Personen nicht oder nicht mehr in Ihren Betrieb kommen.

Aufgrund dieser Tatsache werden Sie Ihren Gast nun aus einem anderen Licht sehen und es würde auch den Mitarbeitern nicht schaden, über diese Tatsache informiert zu sein, damit sich jeder Einzelne seine Gedanken machen kann und sich bewusst wird, welchen Einfluss er auf das Unternehmen und somit ganz direkt auf seinen Arbeitsplatz nimmt.

Denn, was nutzt es Unsummen in die Werbung zu stecken für teuer Inserate in der Zeitung um die Gästefrequenz anzukurbeln, die Leute in ihren Betrieb kommen aufgrund ihrer Werbung, einen negativen Eindruck gewinnen und nach diesem ersten Besuch nicht wiederkommen.

Dann war jede noch so ausgeklügelte Werbemassnahme buchstäblich für die Katze und Sie wären mit dem Geld das Sie in die Werbung investiert haben, in die Ferien gefahren und hätten sich ein paar schöne Tage gegönnt.

Sie hätten mehr davon gehabt.

Was braucht es um im Beruf Erfolg zu haben?

Leidenschaft und die persönliche Verpflichtung und die Bereitschaft, seinen Job nach bestem Wissen und Gewissen ausführen zu wollen um dem Gast einen bestmöglichen Nutzen zu bieten.

Menschen die aus irgendwelchen Gründen diese Bereitschaft nicht aufbringen können oder wollen, ist es vielleicht ratsam sich Gedanken zu machen, die Branche und das Metier zu wechseln.

Denn, es macht keinen grossen Sinn, seine kostbare Zeit mit Dingen und Tätigkeiten zu verbringen die keinen Spass machen und persönlich Freude bereiten.

Solche Menschen machen weder sich selbst noch ihr Arbeitsumfeld glücklich, denn wer arbeitet schon gerne mit Kollegen die lustlos ihre Arbeit verrichten und nur darauf hoffen, irgendwie einen weiteren Monat durchzustehen und ihren Gehalt zu bekommen.

Darum, der Gast ist kein Störfaktor und auch kein notwendiges Übel, es sei denn, Sie betrachten Ihren Gehaltsscheck ebenfalls als notwendiges Übel, doch das glaube ich nun doch eher weniger, denn Geld ist das Öl im Motor der Wirtschaft.

Zeigen Sie und lassen Sie ihre Gäste wissen und erkennen dass Sie in ihrem Betrieb gerne gesehen sind und liefern Sie mehr als von Ihnen erwartet wird, dann wird Ihr Geschäft auch florieren und Sie brauchen sich über rückgängige Zahlen und Gäste keine Gedanken zu machen.

Persönliche Notizen und Umsetzungspunkte:

1. _____

_____

_____

2. _____

_____

_____

3. _____

_____

_____

4. _____

_____

_____

5. _____

_____

_____

Kinder und Hunde wissen genau in welches Restaurant sie wollen!

Haben Sie Kinder und Hunde?
Diejenigen die selbst Kinder haben wissen, dass diese manchmal ganz schöne Nervensägen sein können wenn es darum geht, zu bekommen was sie wollen.
Die wissen genau wie und was sie machen müssen um an ihr Ziel zu kommen, denn sie wissen, bin ich lange genug hartnäckig dann bekomme ich was ich will und Mami oder Papi wird nachgeben.

Wie schon an anderer Stelle erwähnt, haben dies auch Unternehmen wie Coop oder Migros erkannt und nutzen dies für ihre Verkaufsstrategie.
Wenn die Mutter oder Vater bei diesen Detailhändlern einkaufen, dann kriegen sie stets Spielkarten oder andere Kleinigkeiten für ihre Kinder mit, eben Dinge für die sich Kinder interessieren und sammeln können und auch untereinander damit tauschen und handeln können.
Und das geht soweit, dass bei den Kindern ein richtiger Run auf diese Artikel stattfindet (weil Kinder gerne sammeln, tauschen und spielen) und mit genau diesem Wissen arbeiten Unternehmen, wie heisst es doch, mit Speck fängt man Mäuse.
Eltern werden es also unterlassen bei einem anderen Händler einzukaufen (obwohl sie dort die gleichen Produkte auch bekommen und vielleicht noch günstiger) doch sie wissen genau, das erste wenn sie nach Hause kommen, ist, die Kinder wollen von ihnen wissen, ob sie ihre heissbegehrten Tauschobjekte dabei haben.
Und wehe, dies ist nicht der Fall, dann gehen die Vorwürfe los, warum hast du nicht du weisst doch, ich will…

Was lernen wir daraus?

Kinder sind kleine Egoisten wenn es darum geht, zu bekommen was sie wollen.
Was heisst das für die Gastronomie und wie können wir dieses Wissen für uns nutzen?
Wenn Sie wie ich auf dem Land aufgewachsen sind und im Dorf einen Metzgerladen hatten, dann gab es bei jedem Besuch eine Scheibe Wurst und die wurde extra für uns vom Metzgermeister frisch geschnitten und an uns überreicht.
In diesem Moment haben wir uns wie Könige gefühlt und weil Kinder sich so oft wie möglich gerne wie kleine Könige fühlen wollen, werden sie zu einem Verbündeten mit der Person, die ihnen das Gefühl der Grösste zu sein, gegeben hat.
Am liebsten wäre ich jeden Tag mit meiner Mutter zum Metzgerladen hingefahren, auf den Moment wartend bis mein grosser Auftritt kommt.

Ich hatte in einem meiner Betriebe eine angegliederte Bäckerei und ging dann, die Kinder bei der Hand nehmend mit ihnen in den Laden und dort durften sie sich etwas aussuchen und natürlich gleich naschen.
Doch die Kleinen haben ihr Geschenk erst ihren Eltern zeigen wollen und gingen damit zurück an ihren Platz, stolz zeigten sie ihnen dann, was sie ausgesucht hatten.
Die Eltern haben sich für Ihre Kinder gefreut und die Kinder, nun diese fühlten sich wie kleine Könige, denn sie durften mit dem Chef persönlich in den Laden um sich etwas auszusuchen.

Viele Mütter oder Eltern erzählten mir, dass ihre Kinder förmlich darauf brennen in unseren Betrieb zu kommen und so mussten sie einfach kommen, nur schon der Kleinen wegen, hätten sie es nicht getan, wäre ein Geschrei losgegangen und sie hätten den ganzen Tag geschmollt.

Erinnern Sie sich was ich Ihnen eingangs geschrieben haben, Kinder wissen genau was sie wollen und wenn sie dann noch das Gefühl bekommen, ein kleiner König oder Prinzessin zu sein, dann haben sie einen treuen Verbündeten gefunden.

Dieses Prinzip lässt sich übrigens auch auf Hundebesitzer anwenden.

Aus zweierlei Gründen:
1. Hundebesitzer schätzen es, wenn ihre Vierbeiner genauso gerne gesehen werden wie das Herrchen oder Frauchen selbst.
2. Schätzen es Hundebesitzer wenn man ihren Vierbeiner (besonders im Sommer) kostenlos und unaufgefordert eine Schale mit kaltem Wasser hinstellt.

In meinen Betrieben habe ich immer sehr darauf geschaut, dass den Hunden eine Schale mit kaltem Wasser hingestellt wurde, das Tier selbst weiss dies zu schätzen ebenso wie sein Besitzer.

Ebenso gab es für die Vierbeiner entweder ein Hundebiskuit oder ein kleines Stück Schokolade, je nach Absprache mit dem Besitzer (Hunde lieben Schokolade).

Hunde und Kinder haben etwas gemeinsam:
Beide, Hunde und Kinder wissen wo es Süssigkeiten gibt und das vergessen sie nicht.

Denn wie gesagt, der Hund bekam neben seiner Schale frischen kalten Wassers noch ein Leckerli und die Kinder bekamen ebenfalls etwas Süsses und wo wollen sie wieder mit ihrem Herrchen / Frauchen oder Mutter / Vater wieder hin: richtig, dort wo sie ihre Leckerlis und Süssigkeiten bekommen.

Auch von Hundebesitzern bekam ich oft zu hören, dass sie auf ihrer abendlichen Gassi Tour zu mir kamen, weil ihr Hund schnurstracks auf unseren Betrieb zugesteuert ist.

Oder liessen sie den Hund frei laufen, so war dieser in der Regel schon ein paar Minuten vor seinem Herrchen oder Frauchen im Betrieb.

Ich bin weder auf den Hund, resp. auf das Kind gekommen, doch als Hundebesitzer schätze ich solche kleinen Aufmerksamkeiten in einem Restaurant oder Hotel.

Und bei den Kindern?

Nun, da erinnere ich mich selbst an meine Kindheit zurück und versetze mich in die Lage eines Kindes und wie es sich fühlen muss und Eltern rechnen ihnen diese kleinen Aufmerksamkeiten die Sie ihren Sprösslingen zu Teil werden lassen, hoch an.

Als Wirt müssen Sie anfangen ihre Kunden und deren Wünsche genau zu beobachten und sich Fragen zu stellen, wie Sie ihren Service noch besser anbieten können.

Sie sehen, dies waren nur zwei Beispiele von vielen wie Sie mit einfachen Möglichkeiten und ohne finanziellen Aufwand einen Mehrwert für Ihre Kunden schaffen.

Das ist Empfehlungs Marketing vom Feinsten

Es geht ums Erleben, nicht um die Schale Wasser oder die Süssigkeit für das Kind, sondern darum, wahrgenommen werden als Gast, dass er in unserem Hause willkommen ist.
Geben Sie Ihren Gästen also das Gefühl von Wichtigkeit und des Erlebens.

Auch hier sollten Sie folgendes bedenken:
Hundebesitzer kennen wieder andere Hundebesitzer genauso wie Eltern mit Kindern wieder andere Eltern mit Kindern kennen und diese werden positiv über Sie und Ihren Betrieb reden und für Sie und Ihrem Betrieb Gratis Werbung machen.
Wie gesagt, mit Speck fängt man Mäuse oder anders formuliert, Kundenbindung und Neukunden Gewinnung kann einfach sein mit den richtigen Methoden.

Persönliche Notizen und Umsetzungspunkte:

1. _____

   _____

   _____

2. _____

   _____

   _____

3. _____

   _____

   _____

4. _____

   _____

   _____

5. _____

   _____

   _____

Eine Kleinigkeit gefällig oder für was wollen Sie bekannt sein?

Kleinigkeiten machen oftmals den grossen Unterschied aus, oder bevor die Ernte eingefahren werden kann, muss gesät werden!
Fragen Sie mal einen Bauern ob er seinen Weizen ernten kann ohne vorher zu säen?
Er wird Sie mit grossen Augen anschauen und denken, ob Sie noch bei Sinnen sind, denn so wird er sich fragen, weiss jeder Kind dass man zuerst etwas säen muss um hinterher ernten zu können.
Was in der Landwirtschaft seine Gültigkeit hat, hat auch in der Gastronomie im Zusammenhang mit der Gästebindung seine Gültigkeit.
Bevor Sie ernten können (Neue Gäste) müssen vorher säen (Aktion).

Das ist doch logisch werden nun viele sagen, doch wenn es logisch ist, wieso machen es denn so wenige.
Genauso wie ich Ihnen im vorigen Kapitel Kinder und Hunde wissen genau in welches Restaurant sie wollen beschrieben habe, habe ich auch dort erst gesät bevor ich ernten konnte, also eine Gästebindung und Neue Gäste an meinen Betrieb binden konnte.

Wie Sie also in der Gastronomie zielgerichtet säen können um mit einer entsprechenden Ernte rechnen zu dürfen will ich Ihnen hier an ein paar Beispielen veranschaulichen.
Wenn Sie Gäste haben die bei Ihnen ein Glas Wein trinken und sich unterhalten wollen, jedoch nichts essen wollen, dann servieren Sie ihnen etwas Brot und Käse und zwar kostenlos.
Auch diese Geste wird von Ihren Gästen dankend zur Kenntnis genommen.
In 90% der Fälle habe ich erlebt, dass aufgrund dieser kleinen Aufmerksamkeit die Gäste Hunger bekamen, denn nun waren ihre Geschmacks – und Magennerven stimuliert worden weil der Käse ihnen gemundet hat und so bestellen Sie nochmals Wein und diesmal noch einen Käse und Fleischteller mit dazu, so dass sie plaudern trinken und aus der Platte naschen können.
Machen wir also nun die Rechnung neu!
Ursprünglich wollten ein paar Gäste bei Ihnen ein Glas Wein trinken und sich unterhalten und miteinander plaudern.
Dann haben Sie ihnen kostenlos etwas Käse und Brot serviert, was ihre Gäste dankend zur Kenntnis genommen haben, was wiederum die Geschmacksnerven der Gäste angeregt hat und sie darauf hin veranlasst hat, einen Käseteller zu bestellen.
Und sie bestellten nochmals Wein nach und sogar auch noch ein oder zwei Flaschen Wasser.
Aus dem ursprünglich geplanten Franken oder Euro 20 für ein Glas Wein wurden am Ende durch nachbestellen von mehr Wein und Wasser und einem Käseteller am Ende Franken oder Euro 50 oder noch mehr.
Und das alles nur, weil Sie zuerst gesät haben und von sich aus etwas Käse und Brot kostenlos zum Wein gereicht haben.

Wenn ein Gast bei Ihnen einen Kaffee oder Espresso bestellt, dann servieren Sie ein Glas Wasser mit dazu, kostenlos und etwas Süsses.
Doch auch hier, heben Sie sich von der Masse ab und servieren Sie nicht ein kleines Stück Schokolade aus dem Angebot des Grossisten, am besten servieren Sie zu Kaffee Tee oder einem heissen Milchgetränk am besten ein hausgemachtes Gebäck.
Etwas das die Note ihres Hauses hat und nicht etwas das jeder hat, heben Sie sich also von der Masse ab.
Und genau von dieser Masse können Sie sich mit einem selbstgemachten Gebäck abheben
Und wer weiss, vielleicht entwickeln sich die einen hausgemachten Gebäck die Sie zu den Getränken servieren zu einem wahren Verkaufsschlager weil die Gäste ihr selbstgemachtes Hausgebäck lieben.
Dann bieten Sie dies auch im Verkauf an zu 100 oder 200 Gramm Einheiten, in einer schönen Verpackung (kleines Säcklein) mit schöner Schleife und Sie haben bereits wieder eine neue Einnahmequelle gefunden und eröffnet.

Bedenken Sie stets, die kleinen Dinge machen den Unterschied aus und all die Tipps die ich Ihnen bisher verraten haben, kosten Sie wenig Geld doch bringen ein grosses positives Echo für Ihr Haus und Sie selbst.
Geben Sie mehr als man von Ihnen erwartet und säen Sie bevor Sie ernten wollen.

Machen Sie sich nun über die folgende Frage Gedanken!

Für was oder wofür wollen Sie und ihr Betrieb in der Öffentlichkeit bekannt sein

Was ist oder soll ihr sogenanntes USP (Unique selling product) einzigartiges Verkaufsprodukt sein und womit sich ihre Gäste und Sie identifizieren und wofür Sie in der Öffentlichkeit und in den Medien wahrgenommen werden wollen!

Machen wir zur besseren Veranschaulichung ein Beispiel das jeder von ihnen kennt.

Die Confiserie Sprüngli in Zürich ist weltbekannt (und das ist wirklich so) für ihre Luxemburgerli die sie in die ganze Welt hinaus exportieren.
Diese Spezialität ist auf der ganzen Welt und nicht nur in Zürich erhältlich und alleine mit diesem Produkt, die Confiserie Sprüngli hat noch andere Produkte im Angebot, doch, macht Sprüngli pro Jahr mehrere Millionen Umsatz.
(Und die Dinger sind wirklich verdammt lecker).
Wenn der Name Sprüngli fällt, dann denken die Menschen automatisch an Luxemburgerli ohne dass diese erwähnt werden müssen

Dies sollte ein Beispiel sein um sich klar zu werden was man als einzigartiges Verkaufsprodukt anschauen kann und wofür man in der Öffentlichkeit bekannt sein will.

Noch ein weiteres Beispiel:
In Attinghausen (Ort im Kanton Uri in der Schweiz) gibt es ein Restaurant das weit über die Kantonsgrenze hinaus bekannt sind für ihr Poulet im Chörbli (Hähnchen im Körbchen) und das Restaurant wird teils auch scherzhalber die Hähnchenfabrik genannt, einfach deswegen weil dies ihre Spezialität ist und sie so viele davon verkaufen.

Deshalb überlegen Sie sich für was Ihr Haus bekannt sein will.
Denken Sie dabei ruhig etwas gross und gewagt, das muss nicht gerade wie im Fall der Luxemburgerli weltweit sein, doch ganz sicher weit über die Kantonsgrenze hinaus.
Die Erkenntnis muss ihnen nicht gleich auf der Stelle kommen, gute Ideen brauchen manchmal eine gewisse Zeit damit sie reifen können.
Es kann sein dass ihnen die Idee unter der morgendlichen Dusche kommt oder kurz vor dem Einschlafen, wichtig ist dann einfach, dass Sie sich diese Gedanken und Eingebungen aufschreiben.
Das ist auch der Grund, warum ich immer einen Notizblock neben meinem Nachttisch habe, wenn die Idee dann kommt, kann ich diese stichwortartig niederschreiben um am anderen Morgen meine Notizen zu sichten u, sofort wieder zu wissen was es war.
Denn Eingebungen haben die Angewohnheit, still und leise zu kommen und auch in Momenten wo wir es am wenigsten erwarten, reagieren wir dann nicht, verschwinden sie so still und leise wie sie gekommen sind.
Und es wäre wirklich schade, wenn Sie die grosse Idee ereilt und Sie es verpassen diese aufzuschreiben und sich am anderen Morgen nicht mehr daran erinnern können.

Sie können aber auch ihre Mitarbeiter fragen und in ihre Überlegungen miteinbeziehen für was ihr Haus bekannt sein will in der Öffentlichkeit und wenn ein Mitarbeiter die zündende Idee hat, sollten Sie ihm oder ihr eine entsprechende Belohnung geben.
Sie schlagen damit gleich zwei Fliegen mit einer Klappe:
1. Denken und machen sich ihre Mitarbeiter ebenfalls Gedanken und dadurch entsteht ein Brainstorming oder ein Mitarbeiter liefert ihnen einen wichtigen Hinweis, wenn sich mehrere Personen Gedanken zu etwas machen kommen auch mehrere Lösungen zum Vorschein.
2. Schätzen es Mitarbeiter wenn sie nach ihrer Meinung gefragt werden und Sie zeigen ihren Mitarbeitern mit dieser Aktion, dass Sie an ihrer Meinung interessiert sind, so fühlen sich Mitarbeiter aktiv im Geschehen eingebunden.

Wenn Sie herausgefunden haben für was ihr Betrieb in Zukunft bekannt sein soll, dann machen Sie ihre Botschaft auch bekannt, lassen Sie ihre Webseitenbesucher dies wissen, auf den Speisekarten auf der E Mail Signatur ihrem Face Book Account etc.
Einfach auf allen Kanälen mit denen ihr Betrieb nach aussen kommuniziert, denn Sie können das beste Produkt oder Dienstleistung haben, wenn niemand davon weiss oder in Kenntnis gesetzt wird, werden Sie auch keine Nachfrage erzeugen können.

Ein Beispiel von mir:
Auf meinen Visitenkarten auf der Webseite und E Mail Signatur habe ich überall meinen sogenannten „Elevator Pitch" hingesetzt.
Ein Elevator Pitch, also einen „Fahrstuhl Aufhänger" ist eine Mitteilung die in einem Satz erklärt was Sie tun und ihr Gegenüber hat eine Ahnung von ihrem Produkt oder Dienstleistung.

Mein Elevator Pitch lautet folgendermassen:
Ich bin bekannt dafür, dass ich Gastronomen und Hoteliers innerhalb von 30 Tagen zu verbesserten, messbaren Ergebnissen verhelfe.

Wenn jemand dieses Satz liest, dann weiss er gleich, aha Fritz Dominik Buri hilft Gastronomen und Hoteliers zu besseren Ergebnissen innerhalb eines Monates.
Ein einem Satz ist alles Wichtige gesagt.

Es geht darum, sich von der breiten Masse abzuheben und ihre Einzigartigkeit hervorzuheben, was darf ihr Kunde und Gast bei ihnen erwarten wo er sonst nirgends erhält.
Was ist ihre Einzigartigkeit!
„Denn wenn Sie immer nur das tun, was alle anderen auch tun, dann werden Sie auch immer das erhalten, was alle anderen auch erhalten!"
Haben Sie also den Mut und die Inspiration neue Wege der Kundengewinnung zu gehen.
Wie Sie bisher gesehen und gelesen haben, sind alle meine Tipps rasch und ohne grossen Aufwand umzusetzen, **doch Sie müssen es tun** und wie ich ihnen in der Einleitung geschrieben habe, alles was Sie dazu brauchen ist eine offene Geisteshaltung sich neuen Gedanken und Sichtweisen zu öffnen.
Die beste Geschäftsidee vermodert auf ihrer Festplatte oder in ihrem Schreibtisch wenn Sie nicht anfangen und ins Handeln kommen und ihre Ideen anfangen umzusetzen.
Fangen Sie lieber unperfekt an, als dass Sie auf den perfekten Plan warten und dabei gar nie ins Handeln kommen, weil ihr Plan noch nicht perfekt ist.
Fangen Sie an, beobachten Sie wie sich ihre neuen Aktivitäten und Aktionen bei ihren Gästen und Kunden bemerkbar machen, feilen und verfeinern Sie vielleicht da und dort noch ein wenig, testen und beobachten dann wieder bis Sie die gewünschten Resultate haben die Sie haben wollen.
Und bei all den von mir hier in diesem Buch vorgestellten Massnahmen zur Gästebindung können Sie die Reaktionen sofort vor Ort testen.
Beim Beispiel mit dem hausgemachten Gebäck und dem Glas Wasser zum Kaffee oder Espresso erhalten Sie oder ihre Mitarbeiter ein unmittelbares Feedback von ihren Gästen.
Oh ein selbstgemachtes Gebäck und ein Glas Wasser, das ist aber nett und aufmerksam von ihnen, vielen Dank.
Oh, ein Gebäck, ich liebe Gebäck vielen Dank.

Oder im Fall des Weines.
Wow, das ist aber aufmerksam von ihnen, recht herzlichen Dank.

Oder im Fall des selbstgemachten Hausgebäcks kann es sein dass sich dies zu einem echten Verkaufshit entwickelt so wie dies die Luxemburgerli für die Confiserie Sprüngli sind.

Doch Sie werden dies erst herausfinden wenn Sie es ausprobiert und gemacht haben, denn verlieren können Sie dabei nichts doch im Gegenzug sehr sehr viel gewinnen.

Wenn ich Ihnen den Rat gebe, sich zu überlegen für was ihr Haus bekannt sein soll, dann meine ich damit, sich Gedanken zu machen was Sie aus den aktuell gegeben Möglichkeiten und Räumlichkeiten machen können.

Damit Sie schnelle Resultate und Reaktionen erhalten können, müssen Sie mit den Ressourcen arbeiten die ihnen zur Verfügung stehen.

Was können Sie sofort und ohne grosse Anstrengungen jetzt umsetzen um ihrem Betrieb die nötige Richtungsänderung zu geben wohin Sie wollen.

Denken Sie also nicht, ja wenn ich erst mal, dann...... nein, was können Sie jetzt mit den momentanen Möglichkeiten Infrastruktur Mitarbeitern umsetzen

Lassen Sie sich Zeit bei ihren Überlegungen und wie schon erwähnt, kann es sein dass Sie ein paar Tage brauchen bis Sie die richtige Idee für ihren Betrieb haben (oder ihr Partner oder einer ihrer Mitarbeiter) wichtig ist, die Erkenntnis zu haben dass Sie etwas ändern wollen.

Und Sie haben dieses Buch gekauft mit dem Gedanken, etwas zu verändern denn dieses Buch soll ihnen als Anregung und Ratgeber dienen, haben Sie dieses Buch mit der Absicht gekauft, *ich schaue mal rein und lese es mal*, dann wird es ihnen keinen grossen Nutzen sein und es wird sich nichts ändern.

Es wird sich erst dann etwas ändern, wenn Sie selbst den festen Entschluss gefasst haben, ja ich will und ich verändere jetzt etwas, nicht morgen oder in einem Jahr.
Nein JETZT und HEUTE

Die 72 Stunden Regel sollten Sie sich zur Gewohnheit machen!
Forschungen haben ergeben, dass Menschen die innerhalb von 72 Stunden, nachdem sie einen Entschluss gefasst haben ins Handeln kommen, ihre Projekte und Aufgaben auch ausführen und durchziehen.

Nach diesem 72 Stunden nach dem Entschluss ist die Wahrscheinlichkeit klein, dass Sie überhaupt jemals anfangen, Sie lassen die Idee wieder fallen und realisieren die Ideen nie.

Darum ist es wichtig, ins Handeln zu kommen, selbst wenn es nur die ersten Notizen und Gedanken sind die Sie anfangen niederzuschreiben.

Ich weiss als Wirt und Hotelier haben Sie jeden Tag viel um die Ohren, doch ist es wichtig, sich auch die Zeit zu nehmen um an ihren Projekten zu arbeiten, denn Sie sind der Kapitän ihres Betriebes und müssen stets vorausschauend handeln.

Schieben Sie unwichtigere Dinge beiseite oder delegieren Sie diese um sich den wirklich wichtigen Dingen ihre Aufmerksamkeit zu widmen.

Als ich die Idee zu diesem Buch hatte, bin ich gleich hingesessen und habe angefangen zu schreiben, andere Dinge beiseitegeschoben und mich erst mal dem Schreiben dieses Buches gewidmet.

Denn mir ist die 72 Stunden Regel sehr wohl ein Begriff und wenn ich nicht damit angefangen hätte, dann hätte ich am anderen Tag wieder andere Dinge gehabt die mich davon abgehalten hätten, mich diesem Buch zu widmen.

Und spätestens nach drei vier Tagen hätte ich zwar noch gewusst in meinen Gedanken, du willst doch anfangen dieses Buch zu schreiben doch hätte auch wieder andere Dinge gefunden denen ich mich gewidmet hätte, nur nicht diesem Buch.

Das ganze Leben ist eine aneinander Reihung von Entscheidungen und die Summe unserer Entscheidungen bestimmt das Leben das wir führen.

Wenn ich etwas verändern will in einem Bereich wo ich mit den Ergebnissen nicht zufrieden bin, dann überlege ich mir, wie und welche Ergebnisse will ich in diesem Bereich haben.

Also, was will ich anstelle dessen, weg von dem was ich nicht mehr will oder nicht habe, hin zu dem was ich haben will.

Mehr dazu im nächsten Kapitel.

Dieses Kapitel möchte ich beenden mit einen Zitat von Henry Ford, das ich mir immer wieder ins Bewusstsein rufe wenn ich mir Gedanken über ein Projekt und deren Realisierung machen.

„Ob Sie denken etwas tun zu können oder nicht spielt keine Rolle, Sie haben in beiden Fällen Recht"

Persönliche Notizen und Umsetzungspunkte:

1. _____

_____

_____

2. _____

_____

_____

3. _____

_____

_____

4. _____

_____

_____

5. _____

_____

_____

Andere Fragen führen zu anderen Überlegungen

Fragen steuern unseren Fokus!
Haben wir immer dieselben Fragen kreisen unsere Gedanken immer um dieselben Dinge und um dies zu verändern müssen oder sollten wir anfangen, uns andere Fragen zu stellen.
Ich nenne diese Fragen die schlauen Fragen die uns dann zu schlauen Antworten führen.

Im vorigen Kapitel haben Sie gesehen welche Gedanken Sie sich machen sollten wie ihr Betrieb in der Öffentlichkeit wahrgenommen werden sollte und für das Sie bekannt sein wollen.
In einem weiteren Schritt sollten Sie sich überlegen welche Art von Kundschaft Sie ansprechen wollen, haben Sie die Kundschaft die Sie wollen oder wollen Sie eine andere Kundschaft in Zukunft ansprechen.
Wenn ja, dann überlegen Sie sich welche Kundschaft Sie in Zukunft in ihrem Betrieb haben wollen.

Und eine weitere Frage lautet: Welchen Nutzen wollen Sie ihren Gästen bieten?
Gäste haben eine Erwartungshaltung wenn sie zu ihnen in den Betrieb kommen, si dies weil sie ein gutes Mittagessen wollen, eine freundliche aufmerksame Bedienung etc.
Machen Sie sich also Gedanken, welchen Nutzen und Service Sie ihren Gästen bieten wollen, liefern Sie ihren Nutzen und Mehrwert an ihre Gäste und schaffen sich dadurch einen exzellenten Ruf als Gastgeber.
Auch dies ist Teil der Gästebindung und Neukundengewinnung, mehr zu geben als von ihnen erwartet wird, das heisst nicht, dass Sie sich ihren Gästen gegenüber anbiedern sollen oder gar in unterwürfiger Art und Weise begegnen sollten, es heisst einfach das was es heisst – liefern Sie einen exzellenten Service und Dienstleistung.

Hier finden Sie einige Fragen die Sie sich selbst stellen und beantworten können, die Fragen haben nicht zwingend mit ihrem Betrieb zu tun, es sind hauptsächlich Fragen im zwischenmenschlichen und privaten persönlichen Bereich.
Doch diese sind nicht weniger wichtigen wie die beruflichen Fragen.

1. Wie sollen meine zwischenmenschlichen Beziehungen aufgebaut sein, welche Bedeutungen sollen Beziehungen für mich haben?

_____

_____

_____

2. Mit wie vielen Menschen möchte ich meinen Kontakt pflegen?

3. Möchte ich lieber mit weiblichen oder männlichen Personen zusammen sein?

4. Welche und wie viel Zeit möchte ich mit meinen Beziehungen verbringen und was sollen mir diese Beziehungen bringen?

___

___

___

___

___

5. Welche Rolle spielt eine Partnerschaft in meinem Leben?

___

___

___

___

___

6. Was soll mir meine / eine Partnerschaft körperlich und geistig bringen, und will ich eine eher lockere Beziehung oder eine intensive Beziehung?

___

_____

_____

_____

_____

7. Welche wichtigen Merkmale und Eigenschaften soll mein Partner haben?

_____

_____

_____

_____

8. Wie möchte ich mich in der Partnerschaft fühlen und in welchem Rahmen soll sich meine Partnerschaft entwickeln?

_____

_____

_____

_____

9. Soll mein Beruf für mich einfach nur Broterwerb oder Selbstausdruck sein?

_____

_____

_____

_____

10. In welchen Lebensbereichen ist Erfolg für mich wichtig und wie soll sich dieser ausdrücken?

_____

_____

_____

_____

11. Welche finanziellen Ansprüche habe ich und welchen Wert hat mein Beruf für mich und andere Menschen?

___

___

___

___

___

12. Wie möchte ich mich morgens fühlen wenn ich an meine Arbeit denke und wie will ich mich abends fühlen wenn ich über meine Arbeit während des Tages denke?

___

___

___

___

___

13. Wie möchte ich mich in meinen Körper sehen und fühlen?

___

___

___

14. Wie sollen andere Menschen auf meinen Körper reagieren und wie will ich mich in meinem Körper ausdrücken?

15. Was bedeutet es für mich, gesund und wohlauf zu sein?

Persönliche Notizen und Umsetzungspunkte:

1. _____

_____

_____

2. _____

_____

_____

3. _____

_____

_____

4. _____

_____

_____

5. _____

_____

_____

Das Pareto Prinzip auf die Gastronomie umgemünzt

Der Ökonom Wilfried Pareto entdeckte, dass in allen Lebensbereichen ein Verhältnis von 80 zu 20 zu beobachten ist und so wurde dieses Prinzip nach seinem Entdecker Pareto bezeichnet, das Pareto Prinzip.
Wie eben erwähnt, bedeutet das Pareto Prinzip, kurz die 80/20 Regel, dass ein Unternehmen mit 20 % seiner Kunden 80% seines Umsatzes erwirtschaftet.
Dass 80% des gesamten Vermögens in den Händen von 20% sind.
Dass 20% der Umfälle 80% der Gesamtkosten verursachen und …. dass 20 % der Verkäufer in einem Unternehmen 80% des gesamten Verkaufs des Aussendienstes generieren.
Sie können dieses Verhältnis überall auf der Welt und in allen Bereichen beobachten.

Die Crux am Ganzen ist nun, herauszufinden was diese 20% anders machen als die anderen 80% und dann diese Aktivitäten zu verstärken oder nochmals anders formuliert, 80% seiner Arbeit in 20% der Zeit zu erledigen, soll heissen mehr erledigen in kürzerer Zeit.
Heute setzen viele führende Unternehmen der Welt dieses Prinzip ein, um ihre Wirksamkeit zu erhöhen, ihren Gewinn zu steigern und immer mehr in immer kürzerer Zeit zu produzieren.
Gut, wir sind in der Gastronomie zuhause und wir können den Gästen unmöglich mitteilen, pass auf lieber Gast, die Sache ist simpel, jetzt bleibst du wie noch bis gestern nicht mehr von 12 Uhr bis 13 Uhr auf deinem Stuhl sitzen, sondern stehst bereits wieder um zwanzig nach zwölf Uhr wieder auf und gehst, du musst eben schneller essen und trinken, dann schaffen wir das in dieser Zeitspanne.
Mittags sind die Gäste sowieso in Eile, da brauchen wir ihre kurze Mittagszeit nicht noch unnötig zu strapazieren.

Wie also können wir dieses Prinzip in der Gastronomie nutzbringend einsetzen?

- 80% des Tagesumsatzes erzielen wir mit 20% unserer besten Gäste.
- 80% unserer Werbung bringen uns 20% an neuer Laufkundschaft.
- 80% unseres Stresses im Service und Küche geschehen in 20% unserer Öffnungszeiten, die den zwei Stunden über Mittag.
- 80% unseres Getränkeumsatzes machen wir mit 20% unserer Getränkeauswahl.

Das Prinzip ist deshalb so erstaunlich, weil Sie es überall im Betrieb bemerken werden (trifft übrigens auch auf den Privatbereich zu) und sobald Sie ihr Handeln darauf ausrichten, können Sie die Gelegenheiten und Ergebnisse mit fast mathematischer Sicherheit voraussagen.
Dann werden Sie nämlich feststellen, wo Sie Geld verschwenden und Zeit und Energie investieren das in keinem Verhältnis zu Ertrag und Umsatz steht.
Wenn Sie anfangen nach diesem Prinzip ihren Betrieb zu überprüfen und inspizieren, dann werden Sie feststellen, wo Sie Geld verdienen und wie Sie sich einen Haufen Stress ersparen können.

Was heisst das nun konkret?
Betrachten Sie ihre Speisekarte?
Welche Gerichte laufen gut und bringen Ihnen den meisten Umsatz?
Welche laufen sozusagen nie und Sie brauchen nur einen Haufen Mise en place und Platz im Kühler und können Sie dann wegschmeissen weil kein Mensch danach fragt.
Streichen Sie ihre Speisekarte zusammen und kicken Sie alle Ladenhüter raus die Sie nur Geld kosten, jedoch keinen Umsatz bringen.
Dasselbe mit den Getränken, welche laufen nicht, also auch hier, weg damit.

Das alles ist nur totes Kapital und ihr Geld soll für Sie arbeiten und ihnen Umsatz bringen, alles andere ist nur Kraut und Rüben auf die Sie gerne verzichten können.
Schaffen Sie Platz und befreien Sie sich von altem Ballast.

Dann kontrollieren Sie ihre Webekosten und Werbeaktionen, bei welchen Aktionen haben Sie Erfolg und bei welchen nicht?
Alle die Sie bisher nur Geld und einen geringen Cashflow gebracht haben, streichen Sie weg und verstärken Sie ihre Werbung dort wo Sie den besten und meisten Rückfluss haben.
Sie werden durch diese Massnahmen nicht nur Raum schaffen, Sie verschaffen sich einen Überblick was läuft und ihnen Geld bringt und was nicht!

Die Devise lautet: weniger ist manchmal mehr!

Und wenn Sie gerade dabei sind, dann entrümpeln Sie auch gleich Ihre Vorratskammer und ihren Tiefkühler.
Was lagert dort schon ewig, nehmen Sie es raus und machen Sie daraus ein Menu oder verarbeiten es sonst auf eine Art und Weise, machen Sie daraus meinetwegen etwas und servieren Sie es an der Bar zur Happy Hour oder servieren Sie es ihren Gästen kostenlos am Abend sozusagen als Vorspeise.
Seien Sie kreativ, doch fahren Sie mit dem alten Mist ab und zwar konsequent.

Dasselbe mit Dekor oder Maschinen die Sie nicht mehr brauchen, vielleicht kann ein anderer Wirt oder Hotelier genau eine solche Maschine brauchen die bei ihnen schon ewig lange herumsteht.
Fotografieren Sie die Maschine oder das Dekormaterial und stellen Sie es ins Internet (Gratis Inserate oder EBay) ein Anderer freut sich und Sie verdienen dabei noch Geld und die Maschine kommt ihnen aus dem Weg.
Also haben doch alle etwas davon, Sie genauso wie der neue Besitzer ihrer alten Maschine.

Eine weitere Möglichkeit ist, wie wir bei NLP (Neuro linguistisches Programmieren) sagen, dass wenn eine Person etwas kann, dann kann auch eine andere Person dasselbe, wenn sie weiss, wie etwas gemacht wird.
In die Praxis umgemünzt sieht dies folgendermassen aus:

In jedem Unternehmen gibt es Mitarbeiter die wahre Zugpferde sind, die einen guten Draht zum Kunden oder zum Gast haben und die eine positive Geisteshaltung ausstrahlen und rüberbringen, die einfach Spass haben an dem was sie tun.

Fragen Sie nun ihre Zugpferde was sie anders machen als die durchschnittlichen Mitarbeiter, wie sie sich motivieren und welche Gedanken und Einstellung sie der Arbeit und anderen Menschen gegenüber haben.

Finden Sie also heraus, wie diese Mitarbeiter, ihre Zugpferde ticken.

Dies finden sie am besten heraus wenn Sie mit ihnen das Gespräch suchen um ihre Gedankengänge und Einstellungen zu erfahren.

Nachdem Sie herausgefunden haben, was diese Mitarbeiter machen um ein solch gutes Verhältnis zur Arbeit und zu den Gästen zu haben, dann schreiben Sie dies nieder und kommunizieren dies den durchschnittlichen Mitarbeitern.

Doch Vorsicht; sagen Sie ihren durchschnittlichen Mitarbeitern nicht, ich weiss nun wie Reto oder Karin tickt die es so gut mit den Gästen kann, dann werden Sie den durchschnittlichen Mitarbeitern das Gefühl vermitteln, ich bin eine Pfeife.

Sagen Sie also stattdessen, ich habe hier eine Methode oder ein Verfahren, wie wir es schaffen, einen guten Draht zu unseren Gästen zu haben, wenn sich alle an diese Vorgehensweise halten, dann kann jeder ein gutes Verhältnis zu unseren Gästen aufbauen und Spass an seiner Tätigkeit haben.

Da müssen Sie einfach ein bisschen Fingerspitzengefühl haben, doch das wird schon werden, nur Mut, denn Sie wollen schliesslich ihren mittelmässigen Arbeitskollegen helfen, dass diese ebenfalls besser in ihrem Job werden.

Oder beobachten Sie wie es die besten Wirte und Hoteliers in ihrer Gegend machen, was oder welche Marketingmassnahmen machen diese, wie ist deren Personal geschult, wie sieht deren Speisekarte aus.

Gehen Sie ruhig mal zu ihrem Mitbewerber in seinen Betrieb und sprechen Sie ihn an.

Sie werden sehen (wie ich aus eigener Erfahrung weiss) dass andere Menschen gerne bereit sind, ihnen zu helfen, doch Sie müssen Sie schon fragen und ihnen klar sagen, was Sie von anderen Menschen wollen, sei es deren Rat oder einen guten Tipp etc.

Richten und orientieren Sie sich immer nach den besten Mitarbeitern und besten Betrieben in ihrer Umgebung um in Erfahrung zu bringen, was diese machen damit sie so erfolgreich sind.

Wenn Sie in Gesprächen mit ihren besten Mitarbeitern herausgefunden haben was diese anders machen, dann setzen Sie dies um.

Dasselbe gilt für andere erfolgreiche Unternehmen, was machen diese anders als die breite Masse und übernehmen dann deren erfolgreiche Strategien.

Wie gesagt, wenn Sie wissen wie erfolgreiche Menschen etwas machen und Sie dann wissen wie diese Personen oder Betriebe dies machen und Sie dann die gleichen erfolgreichen Strategien anwenden, dann werden Sie auch ähnliche oder gar noch bessere Resultate erzielen.

Das hat nichts mit Spionage zu tun, Sie wollen einfach herausfinden wie Sie noch erfolgreicher werden können und dazu schauen Sie einfach den Erfolgreichen in der Branche auf die Finger, das ist alles ☺

Das Pareto Prinzip nochmals zusammengefasst:

- Finden Sie heraus, welche Gerichte mit 20% Aufwand 80% Ertrag einbringen und forcieren Sie diese, alles andere Unnötige kippen Sie aus der Karte.
- Finden Sie heraus, welche Getränke den meisten Umsatz bringen und Sie wenig kosten im Einkauf, also ihre Umsatzträger und überlegen Sie sich, wie Sie diese noch verstärken können.
- Schaffen Sie Ordnung und Luft in ihrem Warenlager, welche Maschinen haben Sie schon länger nicht mehr benutzt und nehmen ihnen nur Platz weg, fotografieren Sie diese und stellen ihr Angebot dann ins Internet, jemand anderer wird froh sein ihnen ihre Maschine abkaufen zu können.
- Welche Mitarbeiter sind ihre Zugpferde, finden Sie heraus wie diese arbeiten und welche Einstellung sie haben und setzen dies dann in ihrem gesamten Betrieb um, so dass auch die mittelmässigen Mitarbeiter befähigt werden sich zu verbessern und Spass an ihrer Arbeit haben.
- Betreiben Sie ruhig etwas Spionage bei ihren besten Mitbewerbern indem Sie herausfinden was diese besser als andere machen und überlegen Sie sich dann, wie Sie diese Erkenntnis auf ihr Geschäft anwenden können.
- *Ganz generell; was sollten Sie weniger und was sollten Sie mehr tun!*
- Welche Aktivitäten führen zu Ergebnissen, die weit über die Zeit und Energie hinausgehen, die Sie darin investieren müssen, wo ist der grösste Nutzen und Umsatz in der geringsten Zeit zu erreichen.

Kopieren Sie erfolgreiche Geschäftsmodelle auf ihren Betrieb und für ihre Gäste, finden Sie heraus was die erfolgreichsten in der der betreffenden Branche machen und vor allem, wie sie es machen.

Finden Sie heraus was und wie die besten Mitarbeiter in ihrem Betrieb arbeiten damit die anderen Mitarbeiter deren Einstellung kopieren und übernehmen können um ähnliche oder gleich gute Resultate und Ergebnisse zu bekommen.

Stellen Sie sich die Frage die sich Steve Jobs (verstorbener Chef von Apple) gestellt hat:

„Wenn heute der letzte Tag in meinem Leben wäre, würde ich dann das tun, was ich heute tun werde?"

Wenn Sie diese Frage immer häufiger mit Ja beantworten können, dann sind Sie auf einen guten Weg und wenn nein, dann fragen Sie sich, was müsste ich in meinem Leben ändern, damit die Antwort auf diese Fragen ja lautet?

Persönliche Notizen und Umsetzungspunkte:

1. _____

_____

_____

2. _____

_____

_____

3. _____

_____

_____

4. _____

_____

_____

5. _____

_____

_____

Von Nachahmern und anderen Übeltätern

Seien Sie stets sich selbst und realisieren Sie ihre eigenen Ideen und Vorstellungen, Wie ich ihnen im vorigen Kapitel beschrieben habe, sollten Sie sich von den Besten in der Branche stets eine Scheibe abschneiden und schauen, wie und was diese machen, damit sie erfolgreich sind.
Doch Sie sollten keine billige Kopie eines anderen sein, es sei denn, Sie arbeiten für ein Franchise Unternehmen wo von ihnen verlangt wird, dass Sie deren Produkte und Logos verwenden, weil Sie vertraglich dazu verpflichtet und gebunden sind.

Kennen Sie die Definition von Wahnsinn?
„Wenn man immer dasselbe macht und dabei hofft, auf andere Ergebnisse zu kommen!"

Wenn also ein Betrieb seine Türe für immer dicht machen muss, weil die Umsätze und Gäste immer mehr und mehr zurück gingen, dann sollte der neue Besitzer nicht den Fehler machen, mit denselben Methoden und Mitarbeitern dort wieder anzuknüpfen wo der Vorgänger aufgehört hat.
Warum sollten keine Mitarbeiter übernommen werden?
Weil – Menschen Gewohnheitstiere sind – und am liebsten etwas so machen wie sie es schon immer getan haben, denn diese Weise kennen sie und ist ihnen vertraut.
Ich hatte einmal einen Betrieb übernommen der in die Insolvenz ging und damit der Betrieb ohne Unterbrüche weitergehen konnte, habe ich kurzerhand die gesamte Belegschaft übernommen, weil ich den ganzen Laden nicht alleine führen konnte.
Viele der alteingesessenen Mitarbeitern musste ich dann kündigen, weil sie einfach zu fest eingefahren waren auf die alten Betriebsstrukturen, *ja früher haben wir das so und so gemacht , nein das geht doch nicht das haben wir noch nie so gemacht* usw.
Ich machte diesen Leuten dann klar, dass früher nun mal vorbei ist und dass heute Heute ist und ich nicht im alten Trott wie früher weiterfahren kann und will.
Und der andere Grund ist:
Diese Menschen verbreiten negative Energie mit ihrer Einstellung und Redensarten und sind für den Betrieb mehr eine Bremse als einen echten Gewinn und Nutzen.

Sie und ich können es uns nicht leisten das Wohlfahrtsamt zu spielen, Sie haben weder die Zeit noch die Energie dazu, sich mit Menschen zu befassen die immer nur nehmen und keine Gegenleistung erbringen wollen.
Das können solche Leute wie gesagt auf dem Amt machen, doch nicht in ihrem Betrieb.
Übeltäter und Menschen die nicht wirklich daran interessiert sind mit ihnen zusammen den Betrieb nach vorne zu bringen, nutzen weder ihnen noch ihren Gäste und Sie sollten sich deshalb von solchen Leuten trennen.
Ich weiss, eine Kündigung ist nie eine angenehme Sache und ich habe mich auch immer schwer damit getan, doch Sie müssen im Sinne ihres Unternehmens handeln und können es sich ganz einfach nicht leisten, solche Menschen und Anstrengung durchzufüttern und nur aus einer sozialen Ader heraus, sich nicht dazu überwinden können, diesen zu kündigen.

Es gibt noch eine andere Kategorie von Übeltätern die in den eigenen Reihen anzutreffen sind und vor denen Sie sich in Acht nehmen sollten!

Freunde und gute Bekannte.

Wenn Sie ein Geschäft haben, kommt es immer wieder vor, dass Freunde zu ihnen kommen um bei ihnen arbeiten zu wollen!

Ich und auch andere Unternehmer haben in dieser Hinsicht leider auch schlechte Erfahrungen gemacht, einige der Bekannten arbeiten sehr gut und andere nutzen ihren Status aus (weil Sie ja Freunde sind) und Sie tun sich schwer, mit solchen Personen wie mit einem anderen Mitarbeiter zu reden, getreu dem Motto: wie sage ich es meinem Kinde.

Und oftmals wartet und schaut man zulange zu, bis man endlich zur Tat schreitet und diesen Menschen (Freunden) sagen muss, pass auf lieber…, so geht es nicht und wir müssen uns wieder trennen.

Darum gilt auch hier sehr genau abzuwägen welche Freunde und Bekannte Sie in ihrem Betrieb beschäftigen wollen oder nicht!

Sagt ihnen ihr Bauch nein, dann kommunizieren Sie dies freundlich doch bestimmt, denn auch hier gilt wieder, Sie sind nicht für das Wohlergehen anderer Leute verantwortlich und Sie sind auch nicht verpflichtet, jemanden der sich ihr Freund nennt, einzustellen.

Fragen Sie ihren Freund oder Bekannten ruhig, warum er oder sie bei ihnen arbeiten will und warum Sie ihn einstellen sollten (nur weil sie Freunde und per du sind), was Sie aus seiner Sicht veranlassen sollte, ihren Bekannten einzustellen.

Ich weiss, mit Freunden spricht man sonst nicht in diesem Ton, doch glauben Sie mir ich rede auch hier aus Erfahrung und weiss, dass Sie sich eine Menge Ärger einhandeln können wenn Sie Bekannte einstellen die mehr Schaden als Nutzen anrichten.

Auf diese Weise ist ihnen und ihrem Betrieb in keiner Weise geholfen, das Gegenteil ist der Fall, verbockt ist schnell etwas, aufgebaut und etabliert hingegen dauert länger und ist ein schwieriger Prozess.

Machen Sie dem Gegenüber ruhig klar, dass Sie zwar Freunde und Bekannte sind, doch dass dies nicht zwingend heissen muss, dass Sie diese Person einstellen müssen, weil diese Person gerade arbeitslos geworden ist und sich denkt, ach der Hans Meier ist ein lieber Kerl, da könnte ich doch arbeiten und dabei eine ruhige Kugel schieben, denn wir kennen uns doch schon so lange!

Ich kenne Unternehmer die genau auf solche „Freunde" reingefallen sind und dabei schlechte Erfahrungen gemacht haben.

Das heisst nicht, dass Sie grundsätzlich keine Bekannten und Freunde einstellen sollten, ich sage nur, achten Sie sehr genau wenn Sie einstellen und welche Motive diese Person bewegt bei ihnen zu arbeiten.

Will einer, weil der ein guter Bekannter ist und Sie ein lieber Kerl nur eine ruhige Kugel schiebt, dann kann er das machen, doch nicht in ihrem Betrieb und auf ihre Kosten.

Seien Sie also vorsichtig wenn „guten Freunde und Bekannte" bei ihnen anklopfen und um einen Job nachsuchen, es kann gut gehen doch auch nicht.

Wichtig ist, dass Sie gleich zu Beginn klarmachen wie es in ihrem Betrieb läuft und was Sie erwarten und (ganz wichtig) selbst Freunde und Bekannte die für Sie arbeiten sich nach den gleichen Regeln zu verhalten haben wie alle anderen Mitarbeiter und dass Sie da keine Ausnahme machen.

Wenn Sie klare Worte verwenden (so habe ich es schon gemacht nachdem ich schlechte Erfahrungen gemacht habe) kann es auch geschehen, dass es sich ihre Bekannten und Freunde dann doch anders überlegen und dann doch nicht bei ihnen arbeiten wollen.
Warum diese Menschen es sich dann plötzlich anders überlegt haben, kann ihnen am Ende egal sein, es zeigt ihnen dann nur, dass, nachdem Sie klare Worte zur Aussprache gebracht haben den Bekannten oder Freunden dies nicht ganz gepasst hat oder haben muss und sie im Hinterkopf mit dem Gedanken gespielt haben, bei ihnen eine ruhige Kugel zu schieben.
Ich widerhole es gerne nochmals, Sie sind nicht für das Leben und den Job ihrer Freunde und Bekannten verantwortlich, genauso wenig wie diese für ihren Betrieb und ihre Umsätze verantwortlich sind.
Also müssen Sie auch nicht das Wohlfahrtsamt für andere Menschen spielen.
Glauben Sie mir, dadurch ersparen Sie sich eine Menge Ärger und als erfolgreicher Gastronom können Sie alles brauchen, interessierte motivierte Mitarbeiter und neue Ideen, doch ganz sicher keinen Ärger der sich von vorherein vermeiden lässt.

Hüten Sie sich also vor Übeltätern und kopieren Sie niemanden, holen Sie sich von anderen Ideen und Anregungen und machen dann ihre eigenen Dinge, denn nichts haftet dem Mief der Ideenlosigkeit mehr an als eine schlecht nachgemachte Kopie.
Kopieren Sie erfolgreiche Ideen und Konzepte, doch machen Sie daraus ihr eigenes Ding und keine billige Kopie, ihre Gäste werden es ihnen nicht abkaufen, nur wenn Sie ihre eigene Identität und Konzept haben, erscheinen Sie glaubwürdig.

Auch hier gilt wie im Kapitel für das Sie bekannt sein wollen, finden Sie ihren eigenen Weg und ihre eigene ganz persönliche Eigenheit was Sie und ihren Betrieb von allen anderen unterscheidet.
Dies ist ein Prozess der nicht von heute auf morgen abgeschlossen ist und es braucht Kreativität und ein gewisses Mass an Vorstellungskraft.
Mehr dazu verrate ich ihnen im nächsten Kapitel.

Persönliche Notizen und Umsetzungspunkte.

1. _____

_____

_____

2. _____

_____

_____

3. _____

_____

_____

4. _____

_____

_____

5. _____

_____

_____

Die nötige Vorstellungskraft

Was unterscheidet einen Bill Gates, Steve Jobs oder Donald Trump von anderen Menschen?
Es ist ihre Vorstellungskraft von einer Vision die diese Männer in ihren Köpfen haben und die Überlegungen, diese Visionen in die Tat umzusetzen und solange weiter machen bis sich diese realisiert haben.
Ein anderes Wort für Vorstellungskraft ist Autosuggestion und kommt aus dem Lateinischen und bedeutet so viel wie: die Fähigkeit sich selbst zu beeinflussen oder die Hervorrufung von Vorstellungen ohne äußeren Anlass durch Selbstbeeinflussung.

Nun, Sie brauchen nicht wie Donald Trump ein Immobilienimperium aufzubauen oder versuchen zu wollen die IT Branche zu revolutionieren, doch was Sie zwingend brauchen für ihren beruflichen Erfolg, ist ein ganz klares Bild von dem was Sie haben und erreichen wollen.

Ich will ihnen nun erklären, warum dies so wichtig ist!
Aus der Naturwissenschaft und der Quantenphysik ist bekannt, dass unsere Gedanken aus Energie bestehen und die ganze Welt ist ein Energiefeld, angefangen von den kleinsten Molekülen und Atomen.
Ich gehe an dieser Stelle nicht weiter auf dieses Thema ein (nicht dass es uninteressant wäre, im Gegenteil, doch alleine darüber zu berichten würde schon ein Buch füllen und Sie wollen ja etwas über Gästebindung lernen, nicht wahr) sondern verweise einfach auf eine Tatsache, die schon viele bekannte Personen aus Politik Kultur und Wirtschaft aus der Vergangenheit bis in die Zukunft wussten und immer noch wissen.
Gedanken haben die Fähigkeit, sich zu materialisieren!
Ein heftiger Satz nicht wahr, darum wiederhole ich ihn hier an dieser Stelle nochmals damit Sie sehen können, dass es sich um keinen Schreibfehler handelt:
Gedanken haben die Fähigkeit, sich zu materialisieren!
Wir reden hier nicht über pseudowissenschaftlichen Hokuspokus oder eine surreale Wischi Waschi Sauce, sondern von Fakten lieber Leser.

Unsere Vorstellungskraft ist zu vergleichen mit einem Navigationsgerät, Sie geben die Koordinaten ein wo Sie hinwollen und folgen dann der Wegbeschreibung.
Mit der Vorstellungskraft ist es ähnlich, Sie erschaffen und bekommen eine klare Vorstellung von dem was Sie wollen, malen sich klare Bilder von dem Gewünschten aus und halten daran fest.
Ist es ihnen schon einmal aufgefallen, dass Sie sich etwas gewünscht haben, immer wieder an das Gewünschte gedacht haben und dann, eines Tages (aus welchen Gründen auch immer) haben Sie genau das bekommen was Sie wollten.
Und Sie dachten dann, wow – was für ein Zufall oder Glück, das wollte ich immer schon haben, ist so etwas ihnen schon einmal widerfahren?
Ich bin mir sicher dass Sie eine solche Situation schon einmal erlebt haben!
Und ich gebe zu beachten, malen Sie sich in ihrer Vorstellung Bilder davon aus was Sie erreichen wollen und wo Sie stehen wollen, von alledem machen Sie sich klare Vorstellungen.

Ihnen kommt es auch nicht in den Sinn, einfach etwas in ihr Navigationsgerät einzutippen und dann einfach mal loszufahren, Sie benutzen ihr Navigationsgerät dazu, um auf dem schnellsten Wege von A nach B zu kommen.

Von Bild Gates weiss man inzwischen, dass er eine klare Vorstellung hatte wie die Welt einmal vernetzt sein sollte, er hatte den Internet Explorer schon lange in seinem Kopf und er wusste, dass Sie es irgendwie schaffen werden, diese, seine Vision zu realisieren.
Und Sie und ich wissen, er hat einen Weg gefunden.

Sie müssen sich einen Satz merken, ich habe ihn mir auch gemerkt und sehe heute vieles mit anderen Augen:

„Wenn Sie etwas in ihren Gedanken erschaffen können, dann können Sie es auch in der Realität erschaffen!"

Sie müssen sich noch einer anderen Tatsache bewusst werden!
Alles, ihre Kleider die Sie tragen, den Wagen den Sie fahren, die Küche oder den Kombisteamer den Sie bei sich im Betrieb stehen haben, all das ist zuerst in den Gedanken eines Menschen gewesen, bevor es in greifbare Realität und somit zu den Kleidern Wagen oder zum Kombisteamer wurde.
Solche Leute nennt man Designer oder Küchenbauer.
Alles im Leben wird immer zweimal erschaffen, erst in Gedanken und dann in der Realität, machen Sie für sich selbst den Test wenn Sie mir nicht glauben wollen.
Wenn Sie ein 5 Gang Menu kreieren, dann machen Sie sich zuerst Gedanken wie diese 5 Gänge im Einzelnen aussehen sollen und dabei bekommen Sie bereits eine erste Vorstellung davon wie die Gerichte schmecken sollten und wie sie angerichtet werden sollten um auch ein schönes Bild auf dem Teller abzugeben.
Also haben Sie sich zuerst Gedanken gemacht und Sie hatten auch schon gewisse Vorstellungen im Kopf wie was zusammenpassen könnte und haben sich dann daran gemacht, diese Gedanken in sichtbare und essbare Gerichte umzuwandeln.

Das ist das kleine aber wichtige Geheimnisse dessen Sie sich bewusst sein sollte, vielleicht haben Sie gewisse Dinge bisher unbewusst gemacht oder haben sich gedacht, dass irgendetwas in der Art und Weise sicher sein könnte, doch Sie hatten nie einen Beweis, dass es so ist.
Hier haben Sie nun den Beweis, schwarz auf weiss.

Aus diesen Gründen sollten Sie ihr inneres Navigationssystem (ihre Vorstellungskraft) benutzen um sich die Dinge in ihren Gedanken auszumalen wie Sie ihren Betrieb in Zukunft sehen wollen.
Ich mache dies übrigens jeden Tag, ich stelle mir meine Firma vor wie sie in zwei drei vier Jahren sein soll, wie sie sich in der Öffentlichkeit präsentiert, wie ich Vorträge und Referate halte, Bücher signiere etc.
Und wie gesagt, all die grossen Visionäre wie Bill Gates und Steve Jobs haben genau diese Zutat, Ihre Vorstellungskraft dazu benutzt um das zu sehen was sie in der Zukunft sehen wollen, nämlich wie ihre Produkte (Windows Apple) von Millionen oder gar Milliarden Menschen jeden Tag benutzt werden.

Werden das Betriebssystem Windows jeden Tag von Millionen von Menschen auf der ganzen Welt genutzt, und ob, ich nutze im Augenblick das Windows Word wo ich gerade dabei bin, die Rohfassung dieses Buches zu schreiben.

Haben Sie ein I Phone, I Mac oder I Pad?
Sehen Sie, genau wie Sie benutzen Millionen oder gar Milliarden anderer Menschen auf der Welt in diesem Augenblick ein Produkt von Windows oder Apple oder beides zusammen.
Ueli Pragger hatte auch eine Vision als er sein erstes Mövenpick Restaurant aufmachte, die Idee war neu und von der Gastronomie und Mitbewerbern wurde er belächelt, doch die Geschichte belehrt uns wieder einmal eines Besseren, Mövenpick wurde und ist heute immer noch ein Weltkonzern.
Oder denken Sie an Mc Donalds, sein Begründer Richard und Maurice führten eine neue und rationellere Art der Hamburgerzubereitung ein und sie setzen auf Selbstbedienung.
Was ist Mc Donalds heute, die schnellst wachsende Fast Food Kette weltweit.
Und nebenbei, der eine der beiden Brüder war zu jener Zeit, 1940 bereits 55 Jahre alt, doch das hat ihn nicht daran gehindert einfach mal Gas zu geben und seine Vision umzusetzen.
Oder die Warenhauskette Woolworths ist auch aufgrund der Vorstellungskraft und Vision ihres Gründers entstanden.
All die Personen die ich ihnen hier aufgezählt habe, die hatten alle einmal eine Vision und Idee und Sie haben sich ihre Idee richtig gross ausgemalt in ihren Gedanken und Träumen.
Die Vergangenheit und Gegenwart ist also voll von Beispielen von Männern und Frauen die es verstanden haben, ihre Vorstellungskraft für ihre Zwecke zu nutzen und einzusetzen.

Fangen Sie also ruhig wieder an zu träumen, andere Unternehmer und Gastronomie Fachleute haben es schon vor ihnen getan und was dabei herausgekommen ist, das wissen Sie selbst.
Halten Sie also ihre Vorstellungskraft lebendig und glauben Sie an ihre Idee und sagen Sie sich einfach mal ganz laut:

JA WARUM EIGENTLICH NICHT!!
WARUM SOLLTE DAS NICHT KLAPPEN, ANDERE HABEN ES AUCH GESCHAFFT, ALSO WARUM SOLLTE ICH DAS NICHT AUCH KÖNNEN!

Am besten stehen Sie dabei vor einen Spiegel und stellen sich diese obigen Fragen, warum eigentlich nicht????
Das Problem der meisten Menschen ist nicht das, dass sie keine Wünsche oder Ziele hätten, sie glauben nicht an sich selbst!
Und wenn jemand nicht an sich selbst glaubt, dann wird es schwierig eine andere Person zu überzeugen, denn nur wenn eine Person an sich selbst glaubt und von ihrer Idee felsenfest überzeugt ist, dann hat sie diese magische Aura um sich die von anderen Menschen als ansteckend und pulsierend wahrgenommen wird.
Und genau diese ansteckende Überzeugung des Initianten lässt auch andere Leute an der Machbarkeit der Idee oder Vorhabens glauben.

Wenn Sie in ihrer Vorstellungskraft die Vision haben das beste Restaurant oder Hotel in der ganzen Region zu sein, wenn Sie wissen und herausgefunden haben wofür Sie in der Öffentlichkeit bekannt sein wollen, dann reichen Sie ihre Vorstellungskraft mit diesen Gedanken an und halten Sie diese, ihre Vision stets aufrecht.

Dann werden Sie merken, dass sich die Dinge zu ihren Gunsten zu verändern beginnen, vielleicht nicht sofort, doch die Dinge fangen an sich in die gewünschte Richtung zu bewegen, weil Sie anfangen, ihren Fokus zielgerichtet einzusetzen.
Sie denken daran was ihnen wichtig ist und wohin Sie wollen, Sie denken nicht mehr den ganzen Tag einen Haufen konfuser Gedanken, nein, Sie haben angefangen ihren mentalen Turbo zu zünden und mit jedem Tag gehen Sie weiter darauf zu.
Menschen und Situationen werden ihnen begegnen und plötzlich stellen Sie fest, und Sie werden überrascht und erstaunt sein, denn all das (diese Menschen und Situationen und Gelegenheiten) bringen Sie weiter voran auf Ihr Ziel hin.
Es ist schon fast ein bisschen magisch wie es sich anmutet, doch in Wahrheit haben Sie einfach angefangen, sich ihre Vorstellungskraft zunutze zu machen und somit auch die Macht ihrer Gedanken und ihres Unterbewusstseins.
Dies sind mächtige Verbündete und wenn Sie erst mal die Macht ihrer persönlichen Gedanken erkannt haben, dann werden Sie darauf achten, stets zielgerichtet zu denken.

Jeder kann erstaunliche Erfolge erzielen, wenn er die tiefsten Schichten seiner Psyche gezielt für sich arbeiten lässt.

Indem sich ein Mensch, egal ob es sich nun um negative oder positive Gedanken Vorstellungen oder Emotionen handelt, bewusst gestaltet, kann dieser Mensch sein Bewusstsein beherrschen und lernen, das zu denken was er denken will.
Durch unser Denken haben wir Menschen die Möglichkeit, unsere Vorstellungskraft oder eben Autosuggestion bewusst zu beeinflussen und zu kontrollieren.
In jedem Augenblick, selbst in den ereignislosesten, strömen Gedanken und Gefühle auf unser Unterbewusstsein und auf unsere Psyche ein und diese beeinflussen uns oft auf unterschwellige Weise, es wird dem Menschen gar nicht bewusst.
Er fühlt sich gut oder schlecht, übelgelaunt oder beschwingt und er weiss nicht warum oder wieso, er denkt sich, ist wohl einfach eine Laune der Natur.
Doch genau diese Natur hat uns mit unseren geistigen und körperlichen Fähigkeiten, sowie unserem freien Willen, die Möglichkeiten gegeben, in entscheidendem Masse darüber zu bestimmen, welche Informationen unser Unterbewusstsein zugeleitet werden sollen und welche nicht.
Mit anderen Worten, Sie haben es also in der Hand welche Gedanken und Gefühle Sie haben wollen, wie Sie sich fühlen wollen und welchen Gedanken Sie Aufmerksamkeit schenken wollen und welchen nicht.
Doch viele Menschen sind sich dieser Kontrollfunktion nicht bewusst und greifen daher auch nicht darauf zurück, weil ihnen bisher niemand gesagt hat, dass sie ihre Gedanken und Gefühle steuern und lenken können.

Mir ist es wichtig, dass Sie darüber Bescheid wissen lieber Leser und wenn Sie sich im Moment fragen, was hat das Ganze mit Gästebindung zu tun, dann werden Sie erkennen, dass alles eine Frage ihrer Gedanken sind.

Denn der berufliche und private Erfolg und das Wohlergehen hat alles mit unserer Einstellung und unserem Glauben zu tun, vielleicht bei vielen unbewusst und sie wissen, wenn auch intuitiv, was richtig und was falsch ist.

Und ausserdem, ein bisschen Wissen über die Funktionsweise unseres Denkens hat noch keinem geschadet, darum habe ich ihnen auch dieses Kapitel gewidmet, weil ich der Meinung bin, dass es wichtig ist.

Erfolg oder Misserfolg entsteht in unserem Denken und Fühlen, es sind nicht die Mitbewerber oder die Wirtschaft, diese mögen einen gewissen Einfluss haben gar keine Frage, doch der entscheidende Faktor ist, wie und was wir selbst denken.

Wenn Sie davon überzeugt sind, mit ihrem Betrieb auf keinen grünen Zweig zu kommen, dann kommen Sie auch auf keinen grünen Zweig, egal was Sie machen oder nicht machen, Sie sorgen mit ihrer mentalen Einstellung dafür, dass Sie alles tun (wenn auch unbewusst) dass Sie keinen Erfolg haben werden.

Dann können Sie sich selbst sagen, ich habe es ja gewusst dass das nie etwas wird! Und dann haben Sie die Bestätigung für die selbsterfüllende Prophezeiung.

Es ist auch wichtig, dass Sie etwas über die Funktionsweise unseres Denkens erfahren, dadurch erkennen Sie, dass Sie sehr wohl etwas für Ihr Wohlbefinden und für Ihren Erfolg beitragen können.

Und wenn ihnen dies bewusst ist, erkennen Sie weiter dass Sie es in der Hand haben und den Erfolg steuern können und lernen, ihre Gedanken bewusst zu steuern um bewusste Resultate zu erzielen.

Und deshalb gehört dieses Thema auch in ein Buch wie dieses.

Ich will ihnen ein Beispiel aus meinem Leben geben:
Ich werde oft von Menschen gefragt, wie ich dieses oder jenes geschafft habe?
Ich muss diesen Leuten dann sagen, ich weiss es auch nicht, ich hatte einfach mein Ziel vor Augen und habe dann Schritte unternommen in Richtung meines Zieles, dabei sind mir Menschen und Umstände begegnet die mir dabei geholfen oder unterstützt haben auf meinem Weg.

Rückwirkend kann ich einfach sagen, ich hatte mein Ziel vor Augen und ich habe mich darauf verlassen, dass ich mein Ziel erreiche, manchmal wusste ich im jeweiligen Augenblick auch nicht, wie ich dies anstellen sollte, doch ich war einfach der festen Überzeugung, dass ich zur richtigen Zeit die richtigen Impulse oder Eingebungen erhalten werde.

Und so war es dann auch.

Anfänglich wollte ich mein Wissen verbreiten und suchte daher nach einer Zeitung im Internet, es klappte nicht auf Anhieb und nach einigen Versuchen stiess ich auf Happy Times und meine Idee passte hervorragend in dessen Konzept.

Heute schreibe ich schon seit einigen Jahren eine wöchentliche Kolumne die jeweils Samstagmorgen erscheint und von tausenden von Lesern und Leserinnen im gesamten deutschsprachigen Raum gelesen wird.

Aus diesen wöchentlichen Artikeln heraus entstand dann die Buchreihe Schluss mit Frust von der es bis zum heutigen Tag bereits vier Bände sowie einen Sammelband samt Arbeitsbuch auf Amazon zu kaufen gibt.

Als Kindle Reader oder als Taschenbuch.

Und bald wird es noch einen Online Kurs zur Buchreihe geben, mit Videos und Unterlagen für den täglichen Gebrauch, mit dem Ziel, ein erfüllteres Leben zu führen.

Dieser Kurs wird auf der Online Plattform Diplomero erhältlich sein.
Sie sehen also, erst war nur die Idee da mein Wissen zu verbreiten und es dauerte einen Moment bis ich schliesslich auf Happy Times aufmerksam geworden bin.
Ich war zur richtigen Zeit am richtigen Ort werden nun einige von den Lesern denken, teils ja doch auch deswegen, weil ich eine klare Vorstellung hatte, was ich wollte.
Und aufgrund dessen was ich wollte konzentrierte ich mich auch entsprechend bis ich fand was ich suchte und brauchte.
Der Rest ist Geschichte.

Oder ein anderes Beispiel aus der Praxis das ihnen bestimmt bekannt vorkommt!
Sie haben sich sicher schon mal für eine Automarke und ein bestimmtes Modell dieser Automarke interessiert.
Was geschah danach?
Sie sahen auf der Strasse immer wieder diese Automarke und dieses Modell für welches Sie sich interessieren!
Frage – gab es nun mehr Autos von dieser Marke und von diesem Modell als vorher?
Antwort – nein, es fällt ihnen jetzt nur bewusst auf weil Sie ihren Fokus genau auf dieses Modell von diesem Hersteller richten.
Dasselbe gilt für werdende Mütter, gibt es nun mehr schwangere Frauen als vorher, nein, Sie konzentrieren sich nun nur mehr darauf, weil sie selbst schwanger sind.
Und deshalb fallen uns die Dinge auf, auf die wir unsere Aufmerksamkeit unseren Fokus gerichtet haben.

Als Wirt oder Hotelier sollten Sie ihren Fokus auf ihre Gäste und deren Wünsche und Bedürfnisse haben und sich immer wieder die Frage stellen, wie kann ich meinen Gästen einen noch besseren Service bieten?
Wie Sie die Bedürfnisse und Wünsche ihrer Gäste besser ergründen und herausfinden, darüber berichte ich ihnen im nächsten Kapitel.

Doch vorher hoffe ich, dass Sie ein paar lehrreiche Informationen erhalten haben wie unser Denken funktioniert und was es mit der Vorstellungskraft auf sich hat und wie Sie diese gezielt für ihren beruflichen und privaten Erfolg einsetzen können.
Und auch hier gilt einmal mehr, Übung macht den Meister, wenn Sie zu Beginn nicht gleich die gewünschten Resultate erzielen, heisst das nicht, dass Sie deswegen versagt haben, Sie sollten einfach beharrlich weitermachen.
Der Erfolg wird sich früher oder später ganz zwangsläufig einstellen, bleiben Sie ihrem Kurs treu und benutzen Sie jeden Tag ihre Vorstellungskraft von dem Betrieb ihrer Träume.
Also einmal mehr, los geht's lieber Leser ☺

Persönliche Notizen und Umsetzungspunkte

1. _____

   _____

   _____

2. _____

   _____

   _____

3. _____

   _____

   _____

4. _____

   _____

   _____

5. _____

   _____

   _____

Liefern Sie was gewünscht ist!

Sie haben tolle Ideen und haben diese umgesetzt und dann wundern Sie sich, warum sich keiner der Gäste so richtig mit ihrer neuen Idee und Konzept anfreunden kann?
Nun, etwas sollten Sie auch in dieser Hinsicht beachten!
Wenn Sie etwas gut und toll finden, dann heisst das noch lange nicht, dass Ihre Gäste dies ebenfalls toll und gut finden.

Der beste Weg herauszufinden ob etwas bei ihren Gästen ankommt oder nicht, besteht darin, dass Sie eine Umfrage machen bei ihren Gästen und bei Passanten auf der Strasse.
Gehen Sie dabei methodisch vor mit dem Ziel, einen guten Aufschluss darüber zu erhalten was die Menschen wollen, denn es sind ihre Gäste und potentiellen Gäste die Sie ansprechen wollen um herauszufinden, was sich diese wüschen.

Wollen Sie wissen wie ihren Gästen die Inneneinrichtung gefällt oder was besser sein könnte, dann machen Sie eine entsprechende Umfrage?
Wollen Sie wissen, welche Speisen ihre Gäste gerne bei ihnen essen wollen, oder ob es Getränke gibt nach denen eine Nachfrage besteht, dann machen Sie eine Umfrage.
Denn, ... Sie können tolle Ideen haben doch das heisst noch lange nicht, weil Sie etwas toll finden, dass ihre Gäste ihre Ideen ebenfalls toll finden, also finden Sie die Bedürfnisse ihrer Gäste am besten dadurch heraus, dass Sie diese um deren Meinung bitten.
Und Sie wissen ja bereits aus den früheren Kapiteln dass Menschen es schätzen wenn sie um ihre Meinung gefragt werden, denn dadurch vermitteln sie der anderen Person, du bist für mich wichtig und mich interessiert deine Meinung.

Und dadurch haben Sie die Gewissheit, das zu liefern was ihre Kundschaft will und was sie bereit ist, dafür zu bezahlen, denn Sie können ihre Umfragen so steuern, dass Sie am Ende eine genaue Vorstellung haben, was ihre Gäste wollen.

Fragen Sie ihre Gäste und hier sind ein paar Beispiele was Sie ihre Gäste oder auch Passanten auf der Strasse fragen können!

- Was vermissen Sie in unserem Betrieb?
- Was finden Sie gut und was finden Sie weniger gut?
- Würden Sie es begrüssen, wenn wir neu anstelle eines Menus drei Menüs zur Auswahl anbieten, wenn ja, sollte dabei eines der Menus vegetarisch sein oder welche Art von Menu würden Sie begrüssen?
- Was halten Sie davon dass sonntags offen ist und zu welchen Zeiten?
- Was schätzen Sie an unserem Betrieb und was schätzen Sie an unseren Mitarbeitern besonders?

Wenn Sie auf der Strasse bei Passanten eine Umfrage machen weil Sie herausfinden wollen, welche Art von Gastronomie und Betrieb die Menschen begrüssen würden, dann könnten Sie Fragen der folgenden Art stellen!

- Welche Art von Restaurant würden Sie in (Name der Ortschaft) begrüssen und wieso?
- Was fehlt gastronomisch ihrer Meinung nach in (Name der Ortschaft)?
- Was müsste ein neues Restaurant / Hotel für Sie bieten damit Sie dort regelmässig einkehren würden?
- Wie oft essen Sie auswärts und wie viel geben Sie durchschnittlich pro Besuch im Restaurant aus?
- Haben Sie ein Lieblingsrestaurant und warum ist (Name des Betriebes) ihr Lieblingsrestaurant?

Diese Fragen sollten ihnen als Stütze und Anregung dienen, wichtig ist, dass Sie Fragen mit wie und warum formulieren, so dass die Menschen sich wirklich Gedanken machen müssen warum diese etwas mögen oder warum ihnen gewisse Dinge wichtig sind.
Denn genau diese Punkte wollen Sie ja herausfinden, nämlich, was die Leute oder sagen wir die breite Masse will und deshalb ist es auch wichtig, dass Sie mindestens zweihundert Menschen auf der Strasse befragen.
Wenn Sie die Umfragen nicht selbst machen wollen, dann organisieren Sie jemand der für Sie die Umfrage macht, dies können Jugendliche sein die sich etwas Taschengeld verdienen wollen oder Senioren, Sie finden immer jemanden der andere Menschen befragt und dann deren Antworten auf den Umfragebögen notiert.
Doch auch hier sollten Sie darauf achten, dass Sie zuverlässige Leute für diesen Job haben die auch auf die Leute zugehen können und die die Antworten auch leserlich auf die Umfragebögen notieren.
Denn es ist nicht sinnvoll zwei – dreihundert ausgefüllte Umfragebögen zu haben die Sie jedoch nicht lesen können weil sie so unleserlich geschrieben sind.

Dann nehmen Sie alle ausgefüllten Umfragebögen zusammen und werten diese aus. Wenn beispielsweise bei der Frage, ob sie es begrüssen würden wenn Sonntags offen wäre und zu welchen Zeiten, über 150 Personen mit ja geantwortet haben und als Öffnungszeiten von neun Uhr bis achtzehn Uhr zur Antwort gegeben haben, dann ist das ein Hinweis darauf, dass die Menschen es begrüssen wenn sie sonntags ins Restaurant können von vormittags neun Uhr bis abends achtzehn Uhr.
Denn es kann sein, dass in der ganzen Umgebung kein einziges Restaurant sonntags geöffnet hat und es daher den Einwohner ein Bedürfnis ist, dass sie die Möglichkeit haben am Sonntag in ein Restaurant zu gehen.

Oder bei der Frage was gastronomisch fehlt, viele Antworten den Inhalt haben, dass im Ort ein Restaurant fehlt mit gut bürgerlicher Küche zu vernünftigen Preisen, dann wissen Sie, dass die breite Masse auf der Strasse gut bürgerlich essen will und dies zu einem vernünftigen Preis.
Also kein Schicki Miki sondern gut und günstig.

Da Sie nun wissen was die Menschen von der Strasse wollen, dann sollten Sie einen Flyer kreieren und diesen im ganzen Dorf verteilen lassen und oder sogar bis in den Nachbargemeinden.
Denn was nutzt es Sie, wenn Sie nun wissen was gewünscht wird und niemand darüber in Kenntnis gesetzt wird, dass genau Sie dies anbieten.

Ein Flyer könnte folgenden Text enthalten:

Liebe Einwohner und Einwohnerin

**Sie haben gewählt und ihre Wahl fiel mit triumphaler Mehrheit auf die Kandidaten Gut und Günstig vom Restaurant (Name des Betriebes)
Unser neu aufgestellten Kandidaten Gut und Günstig sind nun während sieben Tagen in der Woche jeweils abends von (Öffnungszeiten der Küche) in unserem Hause anzutreffen und freuen sich, Ihnen verehrte Einwohner und Einwohnerin von (Gemeinde) einen gourmethaften Abend bieten zu dürfen.**

Kandidat Gut: Schweinesteak mit Rösti Kroketten und Gemüse Fr. / Euro 17

Kandidat Günstig: Gemüseteller mit Spiegelei und Brotcroutons Fr. / Euro 9

Die Wahlsieger Gut und Günstig und das gesamte Team vom Hotel / Restaurant (Name des Betriebes) freuen sich auf ihren Besuch.

Dazu können Sie noch ein witziges Bild anbringen, denn der Flyer soll ruhig ein bisschen witzig und frech daherkommen, denn dies lockert auf und lässt den Betrieb in einem positiven Licht erscheinen.
Und auch hier gilt, gehen Sie neue und kreative Wege bei der Gästegewinnung und heben Sie sich von der grauen Masse ab, sei dies in der Gästegewinnung oder bei der Werbung.

Lassen Sie ihrem kreativen Potenzial freien Lauf und freuen Sie sich bereits auf eine riesige Resonanz, je witziger und auffallender ihre Werbung, je mehr Gäste und Neukunden werden Sie gewinnen und anziehen.
Doch wie bereits angesprochen, richten Sie ihre Bemühungen auf die Wünsche und Anliegen ihrer Gäste aus, denn diese sind es die in ihren Betrieb kommen sollen und ihnen Umsatz bringen sollen.
Sie dürfen gerne eine Idee haben, doch klären Sie vorher ab ob dies auch ein Bedürfnis ihrer Gäste ist und wenn ja, dann setzen Sie das Geplante um und liefern Sie was gewünscht wird.

Persönliche Notizen und Umsetzungspunkte:

1. _____

_____

_____

2. _____

_____

_____

3. _____

_____

_____

4. _____

_____

_____

5. _____

_____

_____

Was wir von Steve Jobs lernen können

Steve Jobs, der Mitbegründer von Apple der vor wenigen Jahren verstarb glitt immer noch als einer der innovativsten Unternehmer in der Wirtschaftsgeschichte.

2010 kürte die amerikanische Zeitung Fortune Steve Jobs zum Unternehmer des Jahrzehnts und Thomas Friedman, der bekannte Kolumnist bei der New York Times schrieb in einem Artikel, dass Amerika mehr „Jobs" braucht und wollte damit ausdrücken, dass es notwendig ist, Innovation und Kreativität zu fördern.

Genau diese Innovation und Kreativität ist es, die ein Unternehmen aufblühen lassen und wenn mehr Unternehmen kreativer und innovativer sind, hilft das der Gemeinschaft um der Rezession zu kommen.

In seinem Buch „The Innovation Secrets of Steve Jobs" beschreibt der Autor Mc Graw – Hill 2010 die sieben Hauptprinzipien auf denen der bahnbrechende Erfolg von Apple beruht.

Diese Prinzipien sind grundlegende Prinzipien nach denen ein jeder der sie befolgt, Erfolge in seinem Geschäft erlangen und da dieses Buch davon handelt, Erfolg zu haben und dem Leser Wege aufzeigen soll wie er Erfolg haben kann, habe ich Ihnen diese sieben Prinzipien hier aufgeführt.

Sie erinnern sich an das Kapitel über das Pareto Prinzip, finden Sie heraus was andere erfolgreiche Menschen und Unternehmen machen, kopieren Sie deren Verhalten und Strategien für ihr eigenes Geschäft und Sie werden ähnliche Ergebnisse erzielen.

Kopieren Sie deren Strategien doch seien Sie keine billige Kopie von Ihrem Vorbild und behalten Sie sich darum ihre eigene Identität und Originalität bei.

Lassen Sie uns also nun einen Blick hinter die Beweggründe und Motivation eines Steve Jobs werfen, wie und welche Gedankengänge diesen Mann veranlasst haben ein Unternehmen wie Apple weltweit so erfolgreich zu machen.

1. Prinzip: TU DAS WAS DU LIEBST.

Im Jahre 2005 erklärte Steve Jobs vor dem Abschlusslehrgang der Stanford Universität das Geheimnis seines Erfolges liege darin, den Mut zu haben, seinem Herzen und seiner Intuition zu folgen.
Seiner Erfahrung nach wisse jeder Mensch innerlich bereits, was er wirklich werden will.
Steve Jobs folgte während seiner Karriere stets seinem Herzen.
Seiner eigenen Einschätzung nach ist es genau diese Leiden – schaft, die den wesentlichen Unterschied ausmacht.
Es ist schwer, neue und kreative Ideen zu entwickeln, die eine Gesellschaft voranbringen kann, wenn man sich nicht wirklich dafür begeistert.

Steve Jobs sagte einmal, es wäre besser, als Bedienung oder dergleichen zu arbeiten, bis man etwas findet, für das man sich wirklich begeistern kann, „Ich bin davon überzeugt, dass das, was erfolgreiche Unternehmen von erfolglosen unterscheidet, etwa zur Hälfte reines Durchhaltevermögen ausmacht. Wenn du keine grosse Leidenschaft für etwas aufbringen kannst, wirst du dein Ziel nie erreichen. Du wirst aufgeben."

Wie jedoch findet man seine Leidenschaft?
Leidenschaft manifestiert sich vor allem in Ideen, die einem keine Ruhe mehr lassen.
Sie sind die Hoffnungen, Träume und Möglichkeiten, von denen die eigenen Gedanken erfüllt sind.
Folgen Sie dieser Begeisterung ungeachtet aller Skeptiker und Neinsager, die selbst nicht den Mut aufbringen, ihre eigenen Träume zu verwirklichen.

2. Prinzip: HINTERLASSE SPUREN IM UNIVERSUM.

Steve Jobs fand begeisterte Mitverfechter, die seine Vision teilten und ihm halfen, seine Ideen in weltumspannende Innovationen umzuwandeln.
Er hat nie unterschätzt, wie wichtig es ist, eine klare Vision zu haben um eine Marke voranzubringen.

1976 war Steve Wozniak von Jobs Idee begeistert, einen Computer für den Alltagsgebrauch zu entwickeln.
Wozniak war das Technik Genie hinter Apple 1 und Apple 2, aber es war Jobs Vision die Wozniak dazu brachte, seine Fähigkeiten in den Bau eines Computers für die breite Masse einzubringen.
Jobs Vision war berauschend, da sie vier Komponenten beinhaltete, die allen inspirierenden Visionen gemeinsam sind: sie war 1. verwegen 2. zielgerichtet 3. prägnant und 4. konsistent kommuniziert.

1979 besichtigte Jobs die Xerox Forschungsabteilung in Pato Alto Kalifornien.
Er sah dort eine neue Technologie, mit der Benutzer anhand farbenfroher Grafiksymbole auf dem Bildschirm mit dem Computer interagieren konnten, anstatt komplexe Zeilenbefehle eingeben zu müssen.

Dies wurde „grafische Benutzeroberfläche" genannt.
In diesem Moment wusste Jobs, dass diese Technologe es ihm ermöglichen würde, seine Vision eines Computers für jedermann in die Tat umzusetzen.
Zurück in seinem Büro richtete Steve Jobs sein Team darauf aus, den Computer zu entwickeln der letztendlich als Macintosh bekannt wurde und für immer die Art änderte, wie wir mit Computern kommunizieren.
Steve Jobs sagte später einmal, dass Xerox die Computerbranche hätte beherrschen können.
Aber das Ziel von Xerox hätte lediglich darin bestanden, einen neuen Kopierer auf dem Markt zu bringen.

3. Prinzip: BRINGE DEIN GEHIRN AUF HOCHTOUREN

Kreativität für zu innovativen Ideen.
Für Steve Jobs bedeutete Kreativität, Dinge miteinander zu verbinden.
Er glaubte daran, dass ein breiter Erfahrungsschatz auch das Verständnis der Menschen erweitert.
Ein breites Verständnis kann zu Erneuerungen und Durchbrüchen führen, die anderen entgehen.

Bahnbrechende Innovation basiert auf Kreativität, und Kreativität bedarf eine andere Art des Denkens – über die Art und Weise wie man denkt.
Wissenschaftler die das menschliche Gehirn erforschen, haben entdeckt, dass Innovatoren tatsächlich anders denken, sie aber eine Technik verwenden über die wir alle verfügen: sie schöpfen aus vielfältigen Erfahrungen und verknüpfen diese.

Dies erinnert mich an die Geschichte zum Namen Apple.
Die Idee fiel im wortwörtlichen Sinn von einem Baum.
Steve Jobs kam vom Besuch einer Kommune in Oregon zurück, die sich auf dem Gelände einer Apfelplantage befand, Wozniak, Jobs Mitbegründer und Freund, holte ihn vom Flughafen ab.
Auf dem Weg nach Hause sagte Jobs, dass er einen Namen für das Unternehmen gefunden hatte: Apple.
Wozniak meinte, dass sie auch einen technisch klingenden Namen hätten verwenden können, aber ihre Vision bestand ja darin, Computer für die breite Masse zugänglich zu machen.
Der Name Apple passte da ganz gut.

Jobs entwickelte neue Ideen, weil er eben sein Leben lang neue und nicht miteinander in Zusammenhang stehende Dinge erforschte und dabei vielfältige Erfahrungen machte.
Jobs stellte Mitarbeiter ein die nicht aus der Computerbranche kamen.
Er studierte auf einem College die Kunst der Kalligrafie (Schönschreibkunst), meditierte in einem indischen Ashram, analysierte die Details eines Mercedes Benz Modells und europäische Waschmaschinen sowie Trockner, um Produktideen zu entwerfen.

Darüber hinaus analysierte er für die Entwicklung des Kundendienstmodells der Apple Stores die Hotelkette „The Four Seasons".

Indem er sich immer wieder neue Erfahrungen aneignete, befreite er sich von den Fesseln zurückliegender Erfahrungen.

4. Prinzip: VERKAUFE TRÄUME, NICHT PRODUKTE

Steve Jobs hat sich nie auf Fokusgruppen verlassen, „Es ist ein Fakt, dass die meisten Kunden nicht wirklich sagen können, was ein neues Produkt können soll" meinte der Tech Analyst Rob Enderle.

Apple Kunden können froh sein, dass sich Steve Jobs nicht auf die Fokusgruppen gestützt hatte.
Hätte er dies getan, würde es den iPod, iTunes, das IPhone, den iPad und die Apple Stores möglicherweise gar nicht geben.
Er brauchte keine Fokusgruppen, weil er seine Kunden selbst sehr gut verstand.
Als Jobs 1997 nach 12 Jahren Abwesenheit zu Apple zurückkehrte, stand das Unternehmen vor einer ungewissen Zukunft.
Jobs beendete in jenem Jahr seine Präsentation auf der Macworld in Boston mit einer Beobachtung die massgebend war für den Wiederaufstieg von Apple: „Ich bin der Auffassung, man muss anders denken um einen Apple Computer zu kaufen. Ich glaube, dass die Menschen, die einen Apple Computer kaufen in der Tat anders denken."
Sie sind die kreativen Geister dieser Welt.
Dies sind keine Leute, die einfach darauf aus sind, einen Job zu erledigen, dies sind Leute, die die Welt verändern wollen.
Und sie möchten die Welt mit den neusten besten Werkzeugen verändern, die sie bekommen können.
Wir stellen genau diese Werkzeuge für solche Leute her... es wird oft gesagt, dass sie verrückt sind, aber wir sehen in dieser Verrücktheit etwas Geniales."

„Das heisst allerdings nicht, dass man nie auf seine Kunden hören und nach Feedback fragen sollte. Apple tut dies immer. Aber der durchgreifende Erfolg von Apple basierte vor allem auf den innovativen Ideen von Jobs und seinem Team. Danach gefragt, warum Apple keine Fokusgruppen einbindet, antwortete Jobs: „Wir finden selbst heraus, welche Richtung wir einschlagen wollen, Man kann die Kunden nicht einfach fragen; Was soll als Nächstes kommen?"
Es gibt ein grossartiges Zitat von Henry Ford, er sagte „Wenn ich meine Kunden nach ihren Wünschen gefragt hätte, hätten sie ein schnelleres Pferd verlangt."

Niemand interessiert sich für Ihr Unternehmen oder Ihre Produkte.
Die Menschen sind mit ihren eigenen Dingen beschäftigt, ihren Träumen und Zielen.
Steve Jobs konnte Menschen für sich gewinnen, indem er ihnen dabei half, ihre Ziele zu erreichen.

5. Prinzip: SAG NEIN ZU TAUSEND DINGEN.

Steve Jobs sagte einmal, dass das Geheimnis der Innovation darin besteht, zu tausend Dingen Nein zu sagen.
In anderen Worten; Jobs war genauso stolz auf das, was Apple nie verwirklicht hatte, wie auf das, was Apple letztendlich verfolgte.
Er fühlte sich einem einfachen klaren Design verpflichtet.
Diese Philosophie ermöglichte es Apple, kontinuierlich Produkte anzubieten, die Kunden durch ihre Eleganz und Einfachheit begeisterten.

Im Oktober 2008 stellte Apple seinen MacBook Laptop der nächsten Generation vor.
Jobs lud dazu Apples Design Guru Jonathan Ive live ein, auf der Bühne den neuen Herstellungsprozess für mobile Computer zu erläutern, der es Apple ermöglichte, leichtere und gleichzeitig stabilere Notebooks zu produzieren.
Ive erklärte den Zuhörern, dass Apples neues Unibody Gehäuse aus Aluminium 60 Prozent der Hauptbestandteile überflüssig machte.
Durch die Eliminierung dieser Teile werde der Computer natürlich dünner und leichter.
Entgegen der Erwartung wird der neue Laptop dadurch aber auch härte und robuster.
Ive sagte; „Wir sind zu 100 Prozent darauf fokussiert, einfache und klare Lösungen zu entwickeln, da wir als physische Wesen Klarheit und Übersichtlichkeit schätzen."

Kunden wollen Einfachheit.
Und Einfachheit verlangt, dass man Dinge eliminiert, die dem Benutzererlebnis entgegentreten – sei es im Produktdesign, bei der Webseiten Navigation, im Marketing bei den Werbematerialien oder bei Präsentationsfolien.

6. Prinzip: SCHAFFE UNVERGESSLICHE, VERRÜCKTE ERFAHRUNGEN.

Steve Jobs erhob den Apple Store zum Goldstandard im Bereich Kunden Service.
Der Apple Store ist mittlerweile das weltweit beste Einzelhandelsunternehmen.
Er generiert mehr Umsatz pro Fläche als die meisten anderen vergleichbaren Marken und bietet einfache Innovationen, die jedes Unternehmen für sich übernehmen kann, um intensivere und persönlichere Kundenbeziehungen aufzubauen.
Beispielsweise gibt es in einem Apple Store keine Kassierer, es gibt Experten und Berater und sogar Genies, aber keinen Kassierer.
Jobs zufolge möchten Menschen nicht einfach mehr nur einen Computer kaufen:
„Sie möchten wissen, was sie damit machen können, und genau das zeigen wir ihnen."

Apple schuf ein innovatives Einkaufserlebnis, indem es sich ein Unternehmen zum Vorbild nahm, das für seinen exzellenten Kunden Service bekannt ist; die Hotelkette Four Seasons.

Laut Ron Johnson, Senior Vize Präsident of Retail Operations bei Apple; würden Apple Stores die Käufer nicht dadurch anziehen, indem Kartons hin – und hergeschoben werden, sondern indem sie „Leben bereichern".
Apple bietet ein Kundenerlebnis wie an der Rezeption eines eleganten Hotels.
Die Lektion lautet: Weg vom Kistenschieber Image.
Jobs und Apple wollen stattdessen „Leben bereichern" und dieses Prinzip wurde zu einem grossen Erfolg.

7. Prinzip: BEHERRSCHE DIE BOTSCHAFT.

Sie können die innovativste Idee der Welt haben, aber wenn Sie es nicht schaffen, Menschen für diese Idee zu begeistern, spielt es keine Rolle.
Für jede Idee, die zu einer erfolgreichen Innovation führt, gibt es Tausende von Ideen, die nicht Fuss gefasst haben, weil die Menschen hinter diesen Ideen nicht in der Lage waren, eine spannende Geschichte zu erzählen.

Steve Jobs gilt als einer der grössten Geschichtenerzähler der Unternehmerwelt, seine Präsentationen waren informativ, lehrreich und unterhaltsam.
Seine aussergewöhnlichen Präsentationen machten ihn zu einer Führungsfigur und einem grossen Kommunikator.
Er wusste, dass Apple in einem hohen Masse danach beurteilt wurde, wie es ihm gelang, die Mission des Unternehmens glaubhaft zu vermitteln.
Der grosse Unterschied zwischen aussergewöhnlicher Kommunikatoren und der durchschnittlichen Führungskraft besteht darin, dass Menschen wie Jobs über ihre Präsentationen ihre Botschaft komplementierten.
Der Redner ist ein Geschichtenerzähler, die Präsentation dient als Hintergrund der Geschichte.

So lieber Leser, nun haben Sie einen Einblick in die Denkweise jenes Mannes erhalten der für seine innovativen Ideen weltbekannt war, einem Mann mit einer klaren Vision wohin er Apple führen wollte.
Und wie Sie gelesen haben, verstand es Steve Jobs wie kein anderer, Menschen dabei zu helfen, ihre Ziele zu erreichen.
Je mehr Menschen Sie dabei unterstützen und helfen, dass diese ihre Ziele und Wünsche erreichen, je erfolgreicher und wohlhabender werden auch Sie werden.

Persönliche Notizen und Umsetzungspunkte:

1. _____

_____

_____

2. _____

_____

_____

3. _____

_____

_____

4. _____

_____

_____

5. _____

_____

_____

Menschen haben Wünsche und Bedürfnisse!

Menschen haben Wünsche und Bedürfnisse, und sie gehen dorthin oder zu den Menschen oder Organisationen wo sie wissen, dass sie ihre Wünsche und Bedürfnisse befriedigt bekommen.
Wenn Sie eine Panne mit Ihrem Wagen haben, dann hoffen Sie auch darauf, dass der Pannendienst Ihnen dabei hilft, die Panne zu beheben und Sie wieder weiterfahren können.

Im Internetmarketing gibt es einen Ausdruck, infusionäres Marketing und das bedeutet so viel wie, seinem potentiellen Kunden schrittweise Informationen zu geben die den Zweck haben, bei ihm ein Bedürfnis und einen Wunsch zu erzeugen; *ja das will ich haben und das brauche ich.*
Denn auch im Bereich der Werbung und des Marketings hat sich in den letzten Jahren einiges getan, doch leider, so auch viele Gastronomen haben noch nicht begriffen, dass sie mit 0815 Werbung niemanden mehr aus dem Busch, resp. aus ihrem Wohnzimmer in ihren Betrieb locken können.

Machen Sie mal bei sich selbst einen folgenden Test?
Achten Sie im Fernsehen oder in Zeitschriften oder Zeitungen auf die Werbung?
Welche spricht Sie an und welche nicht, welche bleibt Ihnen im Gedächtnis und welche haben Sie bereits wieder vergessen, nachdem Sie die Zeitung beiseite oder den Fernseher ausgeschaltet haben?

Ich bin mir sicher (ohne Sie persönlich zu kennen) dass diejenige Werbung Sie angesprochen hat, welche Ihre Gefühle und Emotionen angesprochen haben, also eine Reaktion in Ihrem Innern ausgelöst hat.
Die Leute von Mercedes Benz sind da sehr clever unterwegs und Sie sollten mal auf deren Werbung achten:
Dort wird Ihnen nicht einfach ein schönes neues Auto gezeigt das durch die Gegend führt und dazu noch ein paar technische Daten eingeblendet.
Nein, Sie sehen einen Fahrer oder ein Paar im Wagen das entspannt dasitzt und der Fahrer hat ein Lächeln auf seinen Lippen, Sie sehen auch das draussen schlechte Wetterverhältnisse sind doch damit hat der Fahrer kein Problem, er weiss dass er in seinem Mercedes Benz dank der Technik und Innovation bei jedem Wetter sicher unterwegs ist und sein Ziel erreichen wird.
Hier werden also Werte und Wünsche wie Sicherheit Komfort und Fahrvergnügen vermittelt, alles Dinge die sich ein Autofahrer wünscht, die ihm ein gutes und sicheres Gefühl vermitteln.
Und genau dieses Gefühl wollen die Werber von Mercedes auch seinen Kunden vermitteln, Lieber Kunde, egal wie das Wetter auch ist, mit unserem Wagen kommst du bei jedem Wetter heil am Ziel an, du kannst dich auf uns verlassen und deine Fahrt geniessen.
Daten wie Benzinverbrauch oder Abgaswartung oder Leichtmetallfelgen interessiert doch den potentiellen Neukunden weniger, er will Sicherheit und Fahrfreude.

Bedenken Sie; Sie müssen Ihre zukünftigen Gäste auf der Gefühlsebene abholen.

Denn wie gesagt, die Menschen haben Wünsche und Bedürfnisse und je besser Sie die Wünsche und Bedürfnisse ihrer Kunden kennen, je besser wird Ihr Geschäft laufen und die Gäste werden Ihnen die Bude einrennen, *weil, Sie bei Ihnen bekommen was Sie sich wünschen und Sie Ihnen das Gefühl geben, du bekommst bei mir was du dir wünscht lieber Gast.*

Dann ist auch der Preis Nebensache, denn es geht immer nur um das Ergebnis und sonst nichts.

Als Gastronom müssen Sie anfangen ebenfalls in der Werbung umzudenken, genau aus dem Grund, früher mochte die 0815 Werbung noch funktionieren, doch heute nicht mehr.
Weil die Menschen durch die Informationsflut die täglich auf sie einprasselt, abgestumpft sind, jede Woche flattern irgendwelche Prospekte in den Briefkasten, im Supermarkt drückt ihnen die Kassiererin noch einen Zettel in die Hand mit dem Hinweis, dass dies ein neues Gewinnspiel ist etc.
Und all diese Werbung ist gleich wie die andere, alles was ändert ist das Logo und das Unternehmen und die Produkte, doch das Prinzip und die Botschaft ist dasselbe; kauf bei mir lieber Kunde!
Doch warum sollte ich bei der Firma X kaufen wenn ich dasselbe Produkt oder ein ähnliches auch bei der Firma Z kaufen kann?

Der Punkt bei dieser Art von Werbung ist; sie zielt auf das Produkt doch nicht auf das Bedürfnis oder Wunsch des Kunden, darum wird Sie kaum gelesen und landet um Altpapier.

Machen Sie es also nun anders!
Ein klassisches Beispiel das ich immer wieder sehe: Jeden Freitagabend servieren wir Ihnen in unserem Restaurant Fondue chinoise a Diskretion mit einem Glas Champagner als Aperitif für nur Fr.. / Euro 24.
Ok, schön und gut, doch deswegen habe ich keinen wirklichen, oder sagen wir triftigen Grund dorthin zu gehen, so ein Fondue kann ich auch an einem andere Ort bestellen!
Warum also erwartet dieser Wirt dass ich zu ihm komme, nur wegen seinem Fondue das er jeden Freitagabend anbietet, ach ja, ein Glas Champagner ist noch im Preis mit inbegriffen, gut, doch deswegen habe ich immer noch keinen besonderen Grund in dieses Lokal zu gehen!
Verstehen Sie worauf ich hinaus will lieber Leser?

In diesem obigen Beispiel (wie es leider noch viel zu oft praktiziert wird) gibt mir der Wirt oder Hotelier, der darauf hofft, mich anzusprechen, keinen ersichtlichen Grund warum ich zu ihm gehen soll, was hat er was ein anderer nicht hat?
Er ist einer von vielen und erschafft in mir mich nicht wirklich das innere Bedürfnis, la da muss ich jetzt unbedingt hin sonst verpasse ich etwas.

Mir geht es noch genauso gut wenn ich anstelle dieses Betriebes in einen anderen Betrieb gehe.

Auf diese Weise wird viel zu viel Geld unnütz aus dem Fenster geworfen und der Gastronom der diese Anzeige schaltete, vielleicht sogar mehrmals in einem Kombiangebot der Lokalzeitung wundert sich dann, warum die Reaktion auf seine Anzeige eine so geringe Resonanz erzeugt hat!

Der Text war doch wunderschön und das Foto doch auch irgendwie gelungen und zudem war die ganze Sache noch schweineteuer.

Schweineteure Inserate sind noch lange kein Garant für neue Gäste und mehr Umsatz!

Sie müssen bei Ihrer Werbung die Gefühlslage Ihres Zielpublikums ansprechen und beim Kunden ein inneres Bedürfnis und Wunsch wecken, eine innere Reaktion auslösen, er muss das Verlangen haben, das zu bekommen was Sie ihm zu bieten haben, umso schneller umso besser.

So wie die Jungs von Mercedes, die haben den Bogen raus und sind sich dessen bewusst, dass man seine Kunden auf der Gefühlsebene ansprechen und abholen muss.

Machen Sie es wie Steve Jobs und versuchen Sie den Leuten zu geben was diese wollen und sich wünschen.

Wenn Sie zum Beispiel ein Hotel haben und Paare ansprechen wollen, dann könnten Sie einen Text von folgendem Inhalt erstellen:

„Erinnern Sie sich an die Zeit als Sie frisch verliebt waren, das elektrisierende Gefühl der Schmetterlinge im Bauch und wie die ganze Welt Ihnen zugelacht hat.

Am Morgen neben seinem Schatz erwachen und mit seinem Lächeln und einem sanften Kuss geweckt zu werden – Sie fühlen sich rundum glücklich und zufrieden.

Geniessen Sie dieses wunderbare Gefühl erneut zusammen mit Ihrem Partner und lassen sich verzaubern, fühlen Sie wieder wie frisch verliebt.

Bei uns erwartet Sie nach Ihrer Ankunft ein duftendes Schaumband mit Rosenöl und einen Flasche eisgekühltem Champagner auf Ihrem kuschelig behaglichen Zimmer.

Danach geht es auf zu einem Spaziergang in idyllischer Landschaft wo eine weitere Überraschung auf Sie und Ihren Partner wartet.

Am Abend lädt ein verträumtes Candle Light Dinner zum Verweilen ein wo Sie und Ihr Partner ganz für sich alleine Zeit haben um den Alltag zu vergessen.

Bevor Sie sich in ihr kuschelig behagliches Zimmer zurückziehen erwartet Sie ein Schlummertrunk, eigens für Sie Beide von unserem Hause zusammengestellt, lassen Sie sich überraschen und geniessen Sie schöne romantische Tage in unserem Hause – Sie haben es verdient.

Der ganze Text ist ein bisschen lang geraten, doch es geht mir hier auch mehr um die Idee und den Anreiz, Sie vermitteln einen Wunsch und Bedürfnis mit Ihrer Botschaft, ja ich will zusammen mit meinem Partner ein wunderschönes Wochenende erleben, nur für uns Beide Zeit haben für Streicheleinheiten und sinnliche Momente.

Wenn Sie nicht selbst texten wollen, so lassen Sie texten doch achten Sie darauf, dass die Botschaft die Sie aussenden wollen, beim Empfänger ankommt, Ihre Botschaft soll Gefühle wecken und einen Impuls des Verlangens erzeugen.

Den ganzen Text packen Sie noch in die entsprechende Schnörkelschrift sowie einem Hintergrundbild das die ganze Stimmung abrundet.

Ihre Botschaft, der Text die Schrift und das Bild muss in sich stimmig sein und das Bild soll mehr aussagen als tausend Worte, alleine das Bild und die Schnörkelschrift sollten beim Betrachter eine Sehnsucht und einen Wunsch erzeugen.

Verkaufen Sie Wünsche und dann wird der Preis zur Nebensache!

Menschen sind gerne bereit für ihre Herzenswünsche und Sehnsüchte tiefer in die Tasche zu greifen, weil, sie sich gut fühlen wollen und sie ihre Wünsche befriedigen wollen.

Beobachten Sie Paare die heiraten; da wird Monatelang geplant und alles soll möglichst perfekt sein, denn es soll schliesslich der schönste Tag im Leben dieser beiden Personen werden.

Eine weisse Kutsche mit möglichst weissen Pferden die das Gespann ziehen, ein schönes weisses Brautkleid, weisse Taufen die frei gelassen werden und in den Himmel aufsteigen etc.

Diese Paare sind gerne bereit sich diesen Tag etwas kosten zu lassen, denn es soll alles perfekt sein und einige Menschen haben es sich zum Ziel gesetzt, solchen Menschen beim Erreichen ihrer Wünsche behilflich zu sein, der Beruf des Hochzeitplaners.

Ein Hochzeitsplaner macht nichts anderes als dass er versucht, die Wünsche seiner Kunden in die Tat umzusetzen, er oder sie erfüllen Wünsche und Sehnsüchte von Menschen, denn die Menschen die zu ihnen kommen, erwarten genau das, dass sie ihre Wünsche und Sehnsüchte befriedigt bekommen.

Also geben Sie den Menschen was Sie wollen und versetzen Sie sich in deren Lage.

Oder fragen Sie sich selbst, welche Wünsche und Sehnsüchte habe ich und Sie wünschen sich, dass Ihnen jemand diese Wünsche und Sehnsüchte befriedigen kann.

Und wenn Sie wissen, wo und wer Ihnen dabei hilft, dass Ihre Wünsche und Sehnsüchte in greifbare Realität umgesetzt werden, dann zögern Sie nicht lange und buchen das Wochenende oder die Kreuzfahrt oder das Seminar – oder was immer Ihr Wunsch ist.

Und Sie fragen auch nicht gross nach dem Preis, denn dieser wird zur Nebensache.

Erinnern wir uns also nochmals an folgende Tatsachen:

Menschen haben Wünsche und Träume und sie suchen nach Menschen oder Möglichkeiten, die ihnen helfen, diese zu verwirklichen.

Was zählt, ist immer nur das Ergebnis (Wunsch Sehnsucht erfüllt bekommen) und sonst gar nichts

Persönliche Notizen und Umsetzungspunkte:

1. _____

_____

_____

2. _____

_____

_____

3. _____

_____

_____

4. _____

_____

_____

5. _____

_____

_____

Bieten Sie Service – tagein, tagaus!

Als aufmerksamer Leser und Leserin wird Ihnen bestimmt nicht entgangen sein, dass ich sehr viel über Kundenservice schreibe und ja, Sie haben das absolut richtig erkannt.
Denn dies ist das A und O und darum betone ich dies auch so oft, ich erwähne es nicht deshalb weil ich nichts anderes für Sie zu schreiben wüsste, sondern dass Sie sich dieser Tatsache sehr bewusst werden.

Ein guter Kundenservice ist für Ihr Geschäft eine Art Lebensversicherung im unternehmerischen Bereich.

Was verstehen wir unter einem guten Kundenservice?
Wenn wir einem Gast oder Anrufer mitteilen, dass wir seine Anfrage und Anliegen erst abklären müssen und ihm noch am gleichen Tag oder am nächsten Tag anrufen – *dann rufen wir auch am gleichen oder Folgetag an!*

Wenn wir einem Interessenten am Telefon oder per Mail mitteilen, dass wir unsere Dokumentation noch heute mit der Post rausschicken – *dann schicken Sie sie auch am heutigen Tag raus!*

Kunden und Gäste schätzen einen erstklassigen Service, und, sie sind auch gerne dafür bereit, sich dies etwas kosten zu lassen, selbst wenn Ihre Preise höher liegen als beim Mitbewerber, wenn der Gast weiss, hier stimmt der Service und ich kann mich darauf verlassen, dass alles zu meiner Zufriedenheit organisiert wird, dann bezahlt er gerne einen höheren Preis.

Kunden schätzen einen exzellenten Service und wie ich Ihnen schon im Kapitel für was wollen Sie und Ihr Betrieb in der Öffentlichkeit bekannt sein, dann sorgen Sie dafür, dass Ihr Haus für einen exzellenten Service bekannt ist.
Wenn Sie nun denken, diese Art von Service und Kundenzuvorkommenheit am Gast ist doch nur für die grossen 4 oder 5 Sterne Hotels, dann muss ich Sie enttäuschen.
Gäste und Kunden schätzen einen guten Kundenservice an jedem Ort auf der Welt, da spielt es keine Rolle ob nun Quartierrestaurant oder Nobelherberge.
Oder erwarten Sie wenn Sie in ein „normales" Restaurant gehen, dass man Ihnen einen kalten Kaffee serviert oder ein kaltes Mittagessen, wo Sie dann zu sich selbst sagen können: „ach es war eben nur ein normales Restaurant und da kann ich nicht mehr erwarten!"
Nein, ganz bestimmt nicht, Sie erwarten genauso einen tollen Service auch in einem Restaurant.

Denn, kundenorientiertes Denken und Servicebereitschaft ist keine Frage eines Gütesiegels, sondern einer persönlichen inneren Verpflichtung und Bereitschaft.

Als Gastronom leben Sie davon, dass Menschen zu Ihnen kommen und Sie Ihre Dienstleistungen in Form vom Essen und Trinken an Dritte anbieten und somit kommen Sie auch nicht am Verkauf vorbei.
Egal ob Sie einem Passanten der „nur" auf einen Kaffee bei Ihnen reinschaut oder ob es sich um eine Hochzeit mit allem Drum und Dran im Wert von einigen tausend Euro oder Franken handelt.
Die Menschen erwarten, dass Sie bei Ihnen bekommen was Sie sich vorstellen, einen leckeren heissen Cappuccino oder ein mehrgängiges Hochzeitsmenu mit mehreren Gängen, guten Wein und schön dekorierten Tischen.
Sie verkaufen sich und Ihren Betrieb, ob nun bewusst oder unbewusst und dabei spielt es auch keine Rolle ob es sich um Autos oder Versicherungen oder in Ihrem Fall um Essen oder Trinken geht, das Prinzip ist immer dasselbe, Menschen kommen zu Ihnen mit einer klaren Vorstellung was Sie wollen.

Sie müssen sich jeden Tag verkaufen!
Wenn Ihr Betrieb einer Betriebsgesellschaft gehört, dann müssen Sie Ihre Ideen für neue Investitionen oder Anschaffungen oder was auch immer, dem Verwaltungsrat verkaufen, damit dieser einwilligt und seinen Segen zum geplanten Vorhaben gibt.
Oder Sie wollen in die Ferien verreisen, Sie möchten in die Berge fahren während Ihr Partner es lieber vorzieht, sich am Strand zu sonnen!
Wenn Sie also wollen, dass Ihr Partner mitkommt in die Berge und seine Idee mit der Sonne und Strand zu Ihren Gunsten aufgibt, müssen Sie erst Ihren Partner von den Vorteilen eines Urlaubs in den Bergen überzeugen, ihm oder ihr also Ihre Idee verkaufen.

Sie werden nun einwenden mögen, dass dies nicht vergleichbar ist mit der Arbeit eines Autoverkäufers oder eines Versicherungsagenten!
Stimmt, das Produkt oder die Dienstleistung ist eine andere, doch das Prinzip bleibt sich im Grunde gleich, nämlich, die Vorteile und Nutzen seiner Dienstleistung oder Produktes an den Mann, resp. die Frau zu bringen.
Und so gelangen wir zum Schluss, dass in einem Ratgeber wie diesem ein paar Worte zum Thema Verkauf zur Sprache kommen sollten.
Stopp, keine Angst nun, dies wird kein *wie – mache – ich – mehr – Umsatz – auf – meine – Karre* Abhandlung, doch wenn wir es genau betrachten, so trägt dieses Buch den Titel „Von Gästen zu Freunden" und wenn wir aus unseren Gästen Freunde machen wollen, dann müssen wir diese von uns und unseren Dienstleistungen auch überzeugen.
Denn auch Freunde wollen einen Nutzen sehen in ihrer und unserer Beziehung, denn wer nennt eine andere Person schon Freund, wenn einem diese Verbindung mehr Ärger als Freude bringt – ich denke niemand von uns, und Sie bestimmt auch nicht, stimmt's?

Wenn Sie aus Ihren Gäste gute Freunde machen, nun, dann haben Sie und Ihre Mitarbeiter einen guten Job gemacht und einen guten Service geboten.
Und darum geht es im Endeffekt, neue Freunde zu gewinnen und einen guten Service diesen, unseren Freunden zu liefern und zwar liefern wir unseren Service so, dass unsere Gäste niemals auf die Idee kommen, in ein anderes Restaurant zu wechseln.
Sie sind bei Ihnen gut aufgehoben und so soll es auch in Zukunft bleiben.

Ein paar kleine Tipps an dieser Stelle für eine gelungene Kommunikation mit Ihren Gästen:

Wenn Sie an den Tisch gehen wo die Gäste gerade am Essen sind; dann sagen Sie nicht, sind Sie zufrieden oder schmeckt es?
Sagen Sie stattdessen; *„Ist alles zu Ihrer vollsten Zufriedenheit oder haben Sie einen Wunsch?"*
Eine solche Aussage hört sich auch ganz anders an.

Wenn Gäste ins Restaurant kommen um bei Ihnen zu essen, dann begrüssen Sie sie mit einem Händedruck und den folgenden Worten:
„Sie haben eine ausgezeichnete Wahl getroffen, zu der ich Ihnen gratulieren muss.
Ich weiss, Ihnen wird unser Essen munden und Sie werden sich bei uns wohlfühlen."
Hier können Sie noch ein i Tüpfelchen oben draufsetzen, indem Sie zwei drei Spezialitäten aufzählen, die der Küchenchef nur heute Abend zubereitet:
„Unser Küchenchef hat sich für heute Abend etwas ganz besonderes für unsere Gäste ausgedacht, mögen Sie Fisch / Rindfleisch etc. ...."

Oder jemand hat bei Ihnen einen Anlass gebucht, eine Feier oder ein Geburtstagsfest, könnten Sie als Gastgeber das Geburtstagskind und den Gastgeber mit folgenden Worten begrüssen:
„Herzlichen Glückwunsch zu Ihrem Geburtstag / Familienfeier / Firmenfest Herr Meier, und ich versichere Ihnen, Sie werden heute Abend ein sehr schönes Fest und angenehme Stunden in unserem Haus erleben.
Sie sind ein toller Chef / Vater / Schwiegervater der sich so um das Wohlergehen seiner Kinder / Mitarbeiter kümmert."

Dies sollte Ihnen als Anregung dienen wie Sie Ihre Gäste bei sich empfangen und Sie sehen es auch hier, machen Sie es anders als die breite Masse und zeigen Sie Ihren Gästen gegenüber eine offene freundliche Haltung, dass Sie sich freuen sie heute Abend oder Mittag bei Ihnen im Restaurant zu haben.

Wenn Sie Hotelzimmer haben, dann legen Sie eine handgeschriebene Karte auf die Kopfkissen Ihrer Gäste, ich betone handgeschrieben mit den folgenden Worten:
„Ich danke Ihnen für Ihre gute Wahl, in unserem Hause abzusteigen und wünsche Ihnen für die Dauer Ihres Aufenthaltes eine schöne und angenehme Zeit."
Herzliche Grüsse, Ihr Hans Huber und sein Team.
Unterschreiben Sie persönlich die Karte oder wenn dies nicht möglich ist, dann sorgen Sie dafür, dass Ihr Stellvertreter sich darum kümmert, - *doch tun Sie es bei jedem Gast und zwar ausnahmslos!*

Nach dem Anlass oder der Feier, ist vor dem Anlass oder der Feier!

Soll heissen, fassen Sie nach!
Der Anlass oder die Feier ist vorüber, alle waren glücklich und zufrieden und alles hat bestens geklappt, Gratulation, sehr gut gemacht und ein dickes Lob an alle Beteiligten.
Doch damit endet die Geschichte nicht!
In allen Fällen sagen Sie sich, ja das war ein gelungener Abend und alle waren zufrieden und glücklich, nun sind die Gäste weg und ich denke, dass Sie wiederkommen werden?
Sie denken und wünschen es sich, doch sicher sind Sie sich dieser Tatsache nicht?
Also helfen Sie entsprechend nach, indem Sie folgendes tun.

Rufen Sie den Veranstalter einen, spätestens nach zwei Tagen nach dem Anlass an (seine Telefonnummer haben Sie ja hoffentlich noch) und bedanken sich nochmals für dessen Besuch und dass es Ihnen und Ihrem Hause eine Freude gewesen war, den Anlass durchführen zu dürfen und lassen Sie ihn wissen, dass Sie sich schon jetzt freuen, ihn schon bald wieder in Ihrem Betrieb begrüssen zu dürfen.
Hier geht es auch wieder um den psychologischen Aspekt.
Stellen Sie sich vor, Sie hatten einen Anlass in einem Hotel oder Restaurant und einen oder zwei Tage später werden Sie von Besitzer oder Direktor selbst angerufen, der sich bei Ihnen bedankt!
Wie fühlen Sie sich da?
Sie werden sicher denken, „Oh wow, der ist aber aufmerksam, so etwas habe ich ja noch nie erlebt und das ist echter Kundendienst was dieser Mann oder diese Frau macht."
Und ja, dies ist es wirklich und Sie werden bei Ihrem Gast in positiver Erinnerung bleiben, ein solches Telefonat dauert knapp zwei Minuten und diese zwei Minuten sind sehr gut investiert.
Doch auch in diesem Fall gilt der Slogan, *tun Sie es und zwar ausnahmslos.*

Diese Methode können Sie auch bei einem Gast anwenden der bei Ihnen Ferien gemacht hatte oder nur eine Nacht lang übernachtete, überraschen Sie Ihre Gäste mit einem spontanen Telefonanruf, diese werden sich darüber freuen und gerne wieder bei Ihnen übernachten, wenn Sie wieder in Ihrer Gegend sind.
Gehen Sie neue und kreative Wege und Sie werden sehen, die Reaktionen werden nicht lange auf sich warten lassen.

Erfolgreiche Menschen sind deswegen erfolgreich,
weil Sie Dinge tun, die erfolglose Menschen nicht tun.

Persönliche Notizen und Umsetzungspunkte:

1. _____

_____

_____

2. _____

_____

_____

3. _____

_____

_____

4. _____

_____

_____

5. _____

_____

_____

Nebensächlichkeiten doch von Bedeutung

Es gibt eine ganze Reihe von Dingen die für viele Gastronomen in Ihren Augen eine Nebensächlichkeit darstellen, doch in Wirklichkeit sind es keine Nebensächlichkeiten, sondern wird von den Gästen bewusst oder unbewusst wahrgenommen.

Das Thema der Umgebung!
Ich habe schon Gaststätten besucht, die hatten etwas von einem Rummelplatz an sich, bunte durcheinander gewürfelte Sonnenschirme, dasselbe Bild bei den Kissen und Tischdecken, ein einziges Durcheinander.
Nichts gegen Werbung auf den Sonnenschirmen, doch dann sollten diese wenigstens einheitlich sein, sprich, alle von demselben Lieferanten.
Dasselbe bei den Kissen auf den Sitzen, schauen Sie auch da, dass hier eine Ordnung herrscht.
Die Tischdecken, wenn Sie Tischdecken auf die Tische legen, dann belegen Sie alle Tische mit Tischdecken und nicht nur vereinzelt an einigen Tischen.
Ich fragte mal eine Kellnerin, warum sind die Tische dort hinten nicht gedeckt, gehören die etwa gar nicht zu Ihrem Betrieb?
Die Antwort der Kellnerin; doch, aber da selten jemand dort sitzt, legen wir keine Tischdecken auf diese Tische!
Aha dachte ich mir, kein Wunder sitzt dort nie jemand denn diese Tische schreien ja förmlich danach, lieber Gast setz dich ja nicht an unseren Teil der Gartenwirtschaft, unsere Ecke ist so unfreundlich und unpersönlich, da musst du dich einfach unwohl fühlen lieber Gast!

Das Thema der Menu Kasten!
In vielen Betrieben sieht man einen Menu Kasten irgendwo an der Fassade angebracht, wo Speisen und Getränke angepriesen werden.
Daran ist nichts falsch und ein Gast kann sich vorab über das Angebot informieren.
Doch schon oft habe ich gesehen, wie diese Menu Kästen ein tristes Dasein frönen mussten, weil sich niemand wirklich um sie kümmerte.
Das Tagesmenu war vor einen Jahr das letzte Mal ausgewechselt worden, das Sichtglas war verschmutzt und dreckig und um den ganzen Kasten herum sammelten sich die Spinnweben an.
Halten Sie Ihren Menu Kasten in Ordnung und wenn Sie ihn gar nicht mehr brauchen, sollten Sie sich vielleicht überlegen, ihn wegzunehmen.

Das Thema der Pflanzen!
Auch hier zeichnet sich oftmals ein trauriges Bild ab, entweder wuchert der Garten wild vor sich hin oder Topfpflanzen sind verdorrt und welk.
Auch her sollten Sie unbedingt Ordnung schaffen, die Blumenkisten mit den verdorrten Pflanzen schaffen Sie besser aus dem Sichtfeld Ihrer Gäste und um die Pflanzen im Garten sollten Sie auch ein Auge werfen.
Es heisst nicht, dass Sie alles selbst machen müssen, bestimmen Sie eine Person die für all diese Dinge zuständig ist.
Eine andere Variante wäre, wie ich es gemacht habe:

Beauftragen Sie einen Rentner dem es Spass macht, sich selbstständig um die Umgebung zu kümmern.
Vereinbaren Sie mit ihm einen gewissen Betrag und eine Anzahl Stunden die er oder sie sich frei einteilen kann, um sich um Pflanzen, den Menu Kasten und andere kleinen Dinge kümmert für die sonst niemand im Betrieb so richtig Zeit hat.
So haben Sie die Gewissheit, dass sich jemand darum kümmert und Sie haben Zeit sich um Ihre Gäste und Neukunden zu kümmern.

Ich weiss, vor allem kleinere Betriebe vergessen diese angesprochenen Punkte gerne oder sie sagen sich, dass dies nicht so wichtig erscheint – in Ihren Augen!
Doch es spielt keine Rolle ob Sie den Betrieb aus Ihren eigenen Augen sehen, wichtig ist es, Ihren Betrieb aus den Augen des Gastes zu sehen und wie dieser unseren Betrieb wahrnimmt.

Machen wir mal folgendes Gedankenspiel lieber Leser und liebe Leserin:
Nehmen wir an, Sie planen eine Geburtstagsfeier und besuchen nun verschiedene Lokale von denen Sie denken, dass diese für Ihre Feier in Frage kommen könnten?
Nun fahren Sie auf den Parkplatz und steigen aus, es bietet sich Ihnen folgendes Bild:
Der Garten ist verwildert, im Menu Kasten können Sie kaum etwas lesen, weil das Sichtglas derart verschmutzt und voller Spinnwaben ist.
Sie gehen weiter, einen Drittel der Tische auf der Terrasse haben weder ein Tischtuch noch Sitzkissen auf den Stühlen, Sie sehen noch einen halb aufgerollten Gartenschlau an einem Wasserhahn hängen.
Die Sonnenschirme sind ein buntes Sammelsurium der Lieferanten des Gastwirtes, auf den Boden liegen überall Zigarettenkippen und anderer Unrat herum, mit einem Besen wurde hier schon lange nicht mehr gewischt!
Wie ist also Ihr erster Eindruck von diesem Restaurant?
Nicht der Beste und Sie überlegen sich ernsthaft, soll ich hier meine Feier veranstalten, alles sieht so schmuddelig und unordentlich aus?
Der Wirt und die Kellnerin mögen liebenswerte Menschen sein und der Wirt kann bestimmt ganz gut kochen, doch trotzdem haben Sie sich entschieden, nein, hier mache ich meine Feier definitiv nicht!

Bedenken Sie stets eine Tatsache!
Für den ersten Eindruck gibt es keine zweite Chance.

Es ist der erste Eindruck der ein Gast von Ihrem Betrieb bekommt und aufgrund dessen wird er sich sehr schnell ein erstes Bild machen.
Wie gesagt, Sie mögen ein lieber Kerl sein und die Kellnerin oder der Kellner sehr freundlich, damit machen Sie schon sehr vieles wett, doch der Eindruck den der Gast gewonnen hat (vor allem wenn es ein neuer Gast ist) wird bestehen bleiben.
Er wird vielleicht bei Ihnen ab und an einen Kaffee trinken, doch einen Anlass bei Ihnen durchführen oder Sie gar an seine Freunde und Bekannten weiterempfehlen, wird er eher nicht.

Und, was für draussen gilt, gilt auch für die Gaststube selbst.

Wie sieht es dort aus?
Ich war schon in einem Restaurant wo alle Fenstersimse mit Plüschtieren vollgepackt waren, oder die Besitzerin ein Faible für Wale hatte, an den Wänden hingen Bilder von Walen, sogar mehrere Perpetomobile hingen von der Decke herab und auch in diesem Betrieb waren neben der Registrierkasse, am Getränkeausschank und in diversen Nischen Plüschwale verteilt und aufgestellt.
Auch hier wieder, ich mag jedem sein Faible gönnen, doch darf der Wirt oder die Wirtin nicht von mir erwarten, dass ich oder andere Gäste diesen breitwillig mit ihr teilen.
Es ist auch nicht falsch, zu versuchen, eine angenehme gemütliche Atmosphäre im Restaurant zu schaffen, doch das geht auch anders.

Wenn Sie Wert darauf legen, dass Blumen auf den Tischen stehen, dann sorgen Sie dafür, dass es frische Blumen sind und kein billiger Fernost Ramsch, sonst lassen Sie es lieber bleiben, Sie gewinnen dadurch wesentlich mehr.

Und das stille Örtchen?
Nicht umsonst heisst es, die Toilette ist die Visitenkarte des Hauses, ist es dort sauber, dann ist auch im Rest des Hauses Sauberkeit und Reinlichkeit anzutreffen.
In mittlerweile vielen Betrieben können Sie eine sogenannte „Reinigungstabelle" sehen, das heisst, da ist zu lesen wann gereinigt wurde, um welche Uhrzeit und das Kürzel des Mitarbeiters.
Doch bei vielen Betrieben scheint dies auch nur eine Alibiübung zu sein um zu sagen, seht hier, wir achten darauf wie unsere Toiletten aussehen!
Mehr als einmal habe ich erlebt, dass gemäss dieser „Reinigungstabelle" vor fünf oder zehn Minuten hätte sauber gemacht sein sollen, doch der Papierhandtuchspender war leer, oder es hatte kein Toilettenpapier.
Ich glaube nicht, dass in fünf oder zehn Minuten eine oder zwei Rollen Toilettenpapier verbraucht wurden und in dieser Zeit auch der angeblich (laut Tabelle) aufgefüllte Papierhandtuchspender bereits wieder leer ist!
Auch hier, Papier ist geduldig oder anders formuliert; Vertrauen ist gut, Kontrolle ist besser.

Die Geiz- ist- geil Methode falsch verstanden und interpretiert!

Sparsamkeit und Wirtschaftlichkeit sind zwei wichtige Faktoren wenn es um das Überleben eines Betriebes geht, doch auch hier sparen viele Gastronomen leider am falschen Ort, was sich schliesslich als negativer Trugschuss entpuppt.
Ich will Ihnen ein paar Beispiele nennen:
Ich war ein einer Bar mit einer grellen Neonbeleuchtung.
Auf der ganzen Länge des Bartresens waren schöne Zylinderkerzen aufgestellt in ebensolchen schönen Kerzenständern.
Ich und meine Begleitung fragten die Bardame, ob man vielleicht das Neonlicht etwas dämpfen könnte und, um ein gemütlicheres Ambiente zu schaffen, gar die schönen Kerzen anzünden könnte?
Ihre Antwort, wir können das Neonlicht leider nicht regulieren und was die Kerzen betrifft, die seien zur Dekoration und nicht zum Anzünden gedacht.
Dann fügte sie noch hinzu; das würde sich nicht rechnen wenn sie dauernd neue Zylinderkerzen kaufen müsste.

Ich und meine Begleiterin haben auf diese Antwort nichts mehr erwidert, warum auch, sie wollte ihren Gästen zeigen, dass sie schöne Kerzen hat doch dass diese nur zum Anschauen und nicht zum Anzünden gedacht sind!

Hätte die gute Dame die grelle Neonbeleuchtung ganz ausgemacht und nur die Kerzen angezündet, hätte es ein ganz anderes Ambiente in dem Lokal gegeben, aber eben, gewisse Leute lassen sich nicht belehren.

Ein ähnliches Beispiel erlebte ich in einem Restaurant, das standen ebenfalls Kerzen auf dem Tisch und auf meine Frage hin, ob man die Kerze anzünden könnte, meinte die Kellnerin, nein, das will unser Chef nicht, die sind mehr zur Deko gedacht.

Wenn Sie als Wirt die paar Euro oder Franken für Kerzen reuen, dann stellen Sie doch einfach keine Kerzen auf die Tische, denn mit solchen Aussagen machen sich Wirte bei Ihren Gästen nur fragwürdig, weil am falschen Ort gespart wird.

Ein anderes Beispiel, wieder in einer Bar, der Besitzer hatte eine teure Anlage installiert mit Beamer und herunterfahrbarer Grossleinwand.

Doch nur ganz selten liess er die Grossleinwand hinunter, denn in diesem Beamer hätte es eine Lampe und diese Lampe würde nur ungefähr 1000 Betriebsstunden halten ehe er sie wieder ersetzen müsse.

Und so eine Lampe, klärte er weiter auf, würde ein paar hundert Franken kosten.

Derselbe Wirt hatte aber keine Mühe, hundert von Franken in nutzlose Werbung zu investieren.

Auch hier, es wird oft am falschen Ort gespart und es sind in der Summe all diese Dinge die den Unterschied ausmachen, ob Gäste gerne in den Betrieb kommen oder nicht und ob sie nach ihrem ersten Besuch jemals wiederkommen werden!

Wie im Fall der Kerzen und des Beamers, für gewisse Gastwirte mögen dies banale Beispiele sein, doch genau diese banalen Dinge machen es eben aus, genauso wie der erste Eindruck den ein Gast bereits von aussen bekommt, wenn er auf den Parkplatz fährt.

Es muss von A (Ankunft) bis Z (Verlassen des Betriebes) stimmig sein, ein ansprechendes Bild von draussen wie auch innen, freundliche Mitarbeiter die sich freuen und gerne Gastgeber sind, ein Chef der die Gäste mit Namen (wenn er sie kennt) anspricht und ihnen die Hand gibt.

Persönliche Notizen und Umsetzungspunkte:

1. _____

   _____

   _____

2. _____

   _____

   _____

3. _____

   _____

   _____

4. _____

   _____

   _____

5. _____

   _____

   _____

Der Mitarbeiter hat das Wort

Der Mitarbeiter hat das Wort und der Chef die Technik dazu!
In diesem Kapitel will ich eingehender auf das Thema Motivation eingehen, denn Motivation ist die Triebfeder für unser Handeln und liefert uns auch die Beweggründe die uns veranlassen, etwas zu tun oder auch nicht zu tun.
Mitarbeiter und Motivation ist immer ein Thema für Führungskräfte, wenn ein Vorgesetzter oder Chef es nicht schafft, seine Mitarbeiter zu motivieren wird er immer alleine auf weiter Flur sein und sich an den Haaren raufen und fragen, diese undankbare unzufriedene Pack und er wird das Gefühl haben, dass sich alle im Betrieb gegen ihn verschworen haben.
Kommen wir nun auf das Thema der Mitarbeiterführung zu sprechen!
Jeder, der mit anderen Menschen zusammenarbeitet weiss, oder hat zumindest schon die Erfahrung gemacht, dass jeder seine kleinen Macken und Spleene hat.
Und jeder Mensch hat ganz bestimmte Fähigkeiten und Talente, teils sind diese bekannt oder unerkannt und je besser jemand seinen Fähigkeiten entsprechend arbeiten kann, je bessere Resultate wird er zeigen.

Alles schön und gut werden Sie nun denken – doch wie erkenne ich die Fähigkeiten und Talente meiner Mitarbeiter?
Und was mache ich, wenn mein Mitarbeiter seine eigenen Fähigkeiten und Talente selbst nicht kennt?
Muss ich hierfür ein Therapeut oder NLP Trainer sein?

Nein, das müssen Sie nicht (wenn Sie eine entsprechende Ausbildung haben ist dies von Vorteil) und so will ich Ihnen ein paar hilfreiche Tipps an die Hand geben, wie Sie herausfinden, wo die Fähigkeiten und Talente bei den einzelnen Mitarbeitern liegen, und auch bei sich selbst!
Was tun Sie gerne und was macht Ihnen Spass und was würden Sie tun, selbst wenn Sie kein Geld dafür bekommen würden, Sie tun es einfach, weil es Ihnen einen solchen Spass macht und Sie bei dieser Tätigkeit richtig aufblühen?
Gibt es eine solche Tätigkeit für Sie?

Menschen motivieren sich auf zwei Arten!
1. **Sie wollen etwas dass Sie noch nicht haben!**
2. **Sie wollen etwas nicht mehr, dass Sie haben!**

In der Praxis sieht dies folgendermassen aus:
Herr X hat den Traum sein eigenes Restaurant zu führen, sein eigener Chef zu sein (Herr X will also etwas, dass er noch nicht hat, sein eigenes Restaurant).
Herr X hat Mühe über die Runden zu kommen, denn sein Restaurant läuft nicht und er macht kaum Umsatz um seine laufenden Kosten zu decken (Herr X will mehr Gäste und mehr Umsatz, damit sein Betrieb wieder rentiert und schwarze Zahlen schreibt).

Im ersten Beispiel wünscht sich Herr X ein Restaurant weil er sein eigener Chef sein will, er will also einen Restaurationsbetrieb den er noch nicht hat.
Seine Motivation ist; hin zu einem eigenen Restaurant.

Im zweiten Beispiel wünscht sich Herr X mehr Gäste und somit mehr Umsatz, damit sich seine missliche finanzielle Lage wieder verbessert, in diesem Fall hat er zu wenig Gäste und Umsatz, er will dies nicht mehr, er will davon wegkommen.
Seine Motivation ist; weg von dem miesen Umsatz – und Gästezahlen hin zu mehr Umsatz und mehr Gästen.

In allen Bereichen des Lebens geht es immer um diese beiden Arten der Motivation, entweder zu etwas hin oder von etwas weg.

Hin zu besserer Gesundheit, weg von Krankheit und Lethargie
Hin zu einer harmonischen Beziehung, weg vom Single Dasein.
Hin zu inneren Frieden und Ausgeglichenheit, weg von Stress und Hektik.

Ich habe Ihnen von diesem Prinzip schon in früheren Kapiteln gesprochen, Menschen wollen etwas das sie nicht oder noch nicht haben und sie wollen etwas nicht mehr, dass sie haben.
Es ist sehr entscheidend, dass sich eine Führungskraft dieser beiden Arten der Motivation bewusst ist, denn dieses Wissen und Erkenntnis erstreckt sich über alle Gebiete und Bereiche des Lebens, es bezieht sich nicht nur auf den Berufsalltag.
Sie können im Beruf glücklich und zufrieden sein mit der Art der Tätigkeit die Sie jeden Tag verrichten, doch privat in einer disharmonischen Beziehung leben, die Sie sehr belastet und Ihnen keinen wirklichen Nutzen bringt.

Mein Tipp: Schimmer wird's nimmer, trennen Sie sich.
Ich weiss, in solchen Fragen spielt immer die emotionale Nähe zu der betreffenden Person eine wichtige Rolle, das ist dasselbe wie einen Freund der bei Ihnen arbeitet und von dem Sie wissen, dass Sie sich von ihm oder ihr trennen müssen, weil er Ihrem Unternehmen mehr schadet als nutzt.
Doch auch hier; werden Sie sich einfach bewusst, schlimmer wird's nimmer als es schon ist, Sie können es mit einem Gespräch versuchen, doch wenn Sie schon mehrere Gespräche geführt haben und die Situation sich nicht verbessert hat, dann müssen Sie (so schwer es manchmal auch ist) handeln und die nötigen Schritte unternehmen.
Denn je länger Sie warten, je schlimmer wird es werden und Ihnen liegt die bevorstehende Aufgabe oder das Gespräch schwer auf dem Magen.

Mir,. dem Autor ist klar, dass solche Angelegenheiten nicht immer einfach sind, egal ob es sich um eine Kündigung bei einem Mitarbeiter handelt, ein schwieriges Gespräch mit dem Partner oder dem Geschäftspartner, doch gewisse Dinge verlangen von uns, dass wir standhaft bleiben.
Und das Leben ist kein Fussballspiel mit Rückrunde.

Lassen Sie uns nun schauen, wie Sie die Motivation bei sich selbst verändern und verstärken können, und, wie Sie die Motivation bei Ihren Mitarbeitern beeinflussen können, das interessiert Sie doch, oder nicht?

Wie motivieren Sie sich selbst?
Kommen Sie erst dann in die Gänge, wenn Sie mit dem Rücken zu Wand stehen, also nur noch die Flucht nach vorne als einzige Rettung möglich ist?

Dies kann dann geschehen, wenn jemand so viel raucht, dass er Atembeschwerden und einen Raucherhusten hat und diese Person weiss, wenn ich jetzt nichts ändere dann bin ich in einem Jahr oder noch früher tot oder arbeitsunfähig!
Also der Moment in dem der Person klar wird, dass sie etwas verändern muss und es so nicht mehr weitergehen kann.

In diesem Fall handelt es sich um eine weg von Motivation, die Person will rauchfrei werden und ihr Gesundheit schonen, die sogenannte Schmerzgrenze ist erreicht, der Punkt wo die Person sagt, *jetzt ist Schluss damit!*
Was kann eine Person in diesem Fall tun, sie will aufhören zu rauchen, doch bringt es einfach nicht fertig von den Zigaretten und dem Nikotin wegzukommen?
Als erstes muss sich die Person überlegen, welchen Ersatz sie für das Rauchen benutzen könnte, sie könnte zum Beispiel sich ein geistiges Bild hinstellen von sich hinstellen, wie sie glücklich strahlend und voller Energie dasteht.
Und genau diesen Zustand will die Person auch erreichen, denn dies ist das was sie sich wünscht, weg vom Raucherhusten und den Atembeschwerden, hin zu Vitalität und Energie.

Ich will Ihnen hier nun eine Technik aus NLP (Neuro linguistisches Programmieren) vorstellen mit der Sie solche und andere unerwünschte Zustände verändern können.

Diese Technik nennt sich das Swish Muster:

1. Bestimmen Sie zuerst das spezielle Verhalten, das Sie verändern möchten, in unserem Fall ist dies das Rauchen. Sie können sich auch eine Situation vorstellen und auswählen, wo Sie gerne bestimmter zu gewissen Menschen und Umständen im Leben sein möchten.

2. Behandeln Sie diese Einschränkung als eine Leistung, sagen Sie danke dass Sie geraucht haben und sich nun davon befreien werden, oder dass Sie nun bestimmter in gewissen Situationen werden. Woran erkennen Sie, dass Sie das Verhalten oder das Problem haben. Was sind die Auslöser dafür, dass bei Ihnen dieser Impuls ausgelöst wird, was haben Sie gedacht oder gemacht oder was geschah, als Sie sich entschlossen zur Zigarette zu greifen und eine Zigarette zu rauchen. Stellen Sie sich vor, Sie müssten jemandem Ihr Verhalten und dessen Auslöser erklären und beibringen – was müsste diese Person machen.
Es muss immer einen Grund oder Impuls geben, einen bestimmten Reiz, der die Reaktion auslöst. Wenn dieser Auslöser innerlich ist und in gedanklich produziert wird, machen Sie daraus ein Bild, genau so, wie Sie es erleben.
Jemand hat Sie genervt und nun brauchen Sie eine Zigarette um sich zu entspannen, oder Sie sind gerade fertig geworden, trinken nun Ihren Kaffee und rauchen dazu eine Zigarette, so wie Sie das immer nach dem Essen zum Kaffee eine Zigarette rauchen. Oder der Auslöser könnte sein, dass während Sie am Telefon sind und telefonieren, nebenher rauchen.

3. Finden Sie visuelle Bilder die Ihr Verhalten auslösen, Sie werden genervt und greifen zur Zigarette, Sie telefonieren und rauchen dabei nebenher, oder was auch immer der Auslöser ist, dass Sie rauchen.

Wenn Sie genau hinschauen und sich damit befassen, werden Sie immer einen Auslöser finden, etwas das verursacht hat, dass Sie zur Zigarette gegriffen haben.
Variieren Sie damit herum bis es für Sie stimmt und Sie die entsprechenden Auslöser gefunden haben, dann denken Sie an etwas anderes, bevor Sie mit der Übung weitermachen.

4. Nun denken Sie daran, wie Sie wirklich sein möchten, vital und rauchfrei, oder wie der Mensch wäre, der nicht diese Einschränkungen hätte durch das Rauchen (Atembeschwerden Raucherhusten). Wie würden Sie sich selbst sehen wenn Sie diese gewünschten Veränderungen erreicht hätten?
Sie hätten mehr Möglichkeiten, wären fähiger, Sie wären dem Menschen ähnlicher den Sie gerne sein würden.
Es soll eine Vorstellung, ein Bild von Ihnen selbst sein mit den erwünschten Qualitäten, ohne das bestimmte Verhalten, in unserem Beispiel das Rauchen.
Das Bild muss anziehend und motivierend auf Sie wirken, dieses Bild Ihres zukünftigen Ichs.
Dann prüfen Sie, ob das neue Bild auch zu Ihnen passt und ob es ökologisch ist, das heisst; stimmt es mit Ihren Werten und Vorstellungen überein und ist es auch stimmig für Ihre Umwelt und Mitmenschen.
Denken Sie nun an die Möglichkeiten die Sie mit diesem neuen Selbstbildnis haben, freier Atem, Wohlbefinden und alle anderen positiven Aspekte die damit zusammenhängen.
Stellen Sie sicher, dass das neue Selbstbild verlockend genug ist, so dass Sie motiviert sind, die neuen Veränderungen durchzuführen, Sie müssen dieses neue Verhalten wirklich wollen und davon begeistert sein.
Nun unterbrechen Sie ebenfalls diesen Zustand und denken an etwas anderes, an Ihr Haustier oder an die vergangenen Ferien.

5. Nun nehmen Sie das Bild aus dem ersten Schritt, in unserem Fall das Bild vom Rauchen und machen Sie es gross und klar. In der Ecke unten links oder rechts machen Sie ein kleines dunkles Bild Ihres neuen gewünschten Verhaltens, vital und rauchfrei zu sein.
Nun nehmen Sie das Bild das Sie verändern wollen, dass Sie gross und hell gemacht haben und lassen es blitzschnell kleiner werden und in den Hintergrund rücken, während Sie gleichzeitig das kleine Bild in der rechten oder linken Ecke gross und hell erscheinen lassen.
Das alte Bild machen Sie blitzschnell klein und das Bild des neuen Verhaltens blitzschnell gross, zur Verstärkung bei dieser Übung können Sie entweder mit den Fingern schnippen während Sie diesen Wechsel durchführen oder Sie können ein Wort wie *Schwupps* oder *wisch* verwenden, das was für Sie besser passt und effektiver ist.
Nachdem Sie diese Übung einmal gemacht haben, stellen Sie sich geistig eine weisse neutrale Leinwand vor, dann wiederholen Sie diese Übung noch viermal hintereinander – Bild des alten Verhaltens gross und klar, das neue wünschenswerte Verhalten klein in der linken oder rechten Ecke des grossen Bildes, dann sagen Sie das für Sie passende Wort oder schnippen mit den Fingern und tauschen die beiden Bilder blitzschnell gedanklich aus.

Machen Sie nach jeden Durchgang Ihren inneren geistigen Bildschirm wieder frei indem Sie sich eine weisse neutrale Leinwand vorstellen.
Sollten Sie nach fünf Versuchen keine Veränderung feststellen, dann machen Sie nicht weiter, wenn etwas nicht klappt, dann muss und sollte man etwas anderes machen.

Seien Sie in diesem Falle kreativ, vielleicht müssen Sie den neuen Bild Ihres neuen wünschenswerten Verhaltens mehr Intensität beigeben, vielleicht müssen Sie es grösser und strahlender machen, denn ein grosses strahlendes Bild hat mehr Intensität als ein kleines farbloses Bild.

6. Sollten Sie nach diesen fünf Durchgängen zufrieden sein, so testen Sie nun das Ergebnis und denken an den Auslöser der bisher dazu geführt hat, dass Sie zur Zigarette gegriffen haben. Bewirkt er immer noch dieselbe Reaktion, das heisst; haben Sie immer noch das Verlangen zur Zigarette zu greifen?
Wenn Sie das nächste Mal in dieser Situation sind, halten Sie nach der neuen Situation Ausschau, so wie Sie nun sein wollen.
Schnippen Sie mit den Fingern oder sagen sich Ihr Wort wie Schwupps oder wisch und fühlen sich in diesem neuen wünschenswerten Zustand und lassen die Zigarette bleiben.
Diese Technik können Sie auf viele Bereiche Ihres persönlichen Lebens anwenden, sie funktionieren schnell und effektiv und diese Technik zeigt auch, dass Sie eine Richtung schnell ändern können – ohne grossen Schmerz oder Strapazen.

Ich wünsche Ihnen tolle Ergebnisse mit dieser einfachen und doch sehr effektiven Technik, ich habe mit derselben Methode schon einige Veränderungen schnell herbeigeführt und Sie können das auch.
Je öfter Sie diese Übung machen, je besser werden Sie darin werden und je besser und effektiver werden auch die gewünschten Veränderungen aussehen.

Und nun reden wir darüber, wie Sie als Führungskraft Ihre Mitarbeiter motivieren können, ein Thema das jeden Vorgesetzten interessiert und was in einem Buch wie diesem auch nicht fehlen sollte."

Was motiviert Menschen und warum ist Motivation so wichtig?

Der Motivationsberater und Bestseller Autor Anthony Robbins hat einmal gesagt:
„Es gibt zwei Dinge, die Menschen zum Erfolg motivieren, Inspiration und Verzweiflung".
Darüber haben Sie bereits weiter oben gelesen, Menschen wollen etwas was Sie noch nicht haben oder sie wollen etwas nicht mehr, das sie haben.
Grosse Ziele und Träume motivieren Menschen zu Höchstleistungen, der Aussicht auf ein Date mit der Person seiner Träume kann sehr motivierend sein.
Die Aussicht auf den Posten des Verwaltungsratspräsidenten kann sehr verlockend und motivierend sein, der Aufbau eines erfolgreichen Restaurants kann sehr motivierend sein, dass sich jemand hineinkniet und alles gibt was er hat.

Es kann aber auch motivierend sein, mehr Selbstvertrauen und Selbstbewusstsein zu erlangen um mehr zu der Person zu werden und zu sein, die man gerne wäre.
Sie sehen also, es gibt zig Gründe warum sich Menschen motivieren weil jeder von uns seine ganz eigenen Wünsche und Ziele im Leben hat, die er oder sie realisieren und verwirklichen will

Jeder von uns selbst kann herausfinden nach welcher Art er sich motiviert, will er von etwas weg, kommen wir erst dann ins Handeln wenn wir schon fast am Abgrund stehen und uns vor der drohenden Hinterlage schützen und retten wollen, dann werden wir aufgrund der weg von Motivation Strategie bestimmt.
Oder begeistert er sich anhand seiner Wünsche und Ziele und gibt alles, niemand muss ihn erst motivieren denn er weiss selbst was er will und geht auf direktem Wege darauf zu, dann wird eine solche Person aufgrund der hin zu Motivation Strategie geführt,
Wenn Sie sich nun fragen, ob etwas an mir falsch ist, weil ich ein weg von Motivierter bin, kann ich Sie beruhigen, keine der beiden Strategien ist besser oder schlechter als die andere.
Es kommt immer auf den entsprechenden Umstand und Situation an, auch ein hin zu motivierter Mensch kann bei Krankheit eine weg von Motivation entwickeln.

Eine weg von Strategie ist bei gewissen Berufen auch erforderlich und zwingend:
Ein Buchhalter muss sehr gewissenhaft mit den Zahlen arbeiten und eine weg von Strategie haben um eine saubere Buchhaltung zu erstellen.
Genauso muss ein Lektor eine weg von Schreibfehlern Strategie anwenden um ein Manuskript fehlerfrei hinzukriegen.

Kommen wir also zu den Mitarbeitern und deren Motivation!

Auch hier gilt, Mitarbeiter haben genau wie andere Menschen diese beiden Arten sich zu motivieren, entweder auf etwas zu oder von etwas weg.
Das erkennen wir daran, wie eine Person mit uns spricht, spricht sie immer nur von Problemen so haben wir es mit einer Person zu tun, die weg von motiviert ist, denn, sie sieht Probleme und will wegkommen von diesen Problemen.
Kommt ein Mitarbeiter zu Ihnen und sagt Ihnen, ich will der beste Kellner oder der Mitarbeiter des Monats werden, dann ist er hin zu motiviert, er hat ein klares Ziel und das sagt er Ihnen auch.
An der Art und Weise wie jemand zu uns spricht, erkennen wir dessen Motivationsrichtung, achten Sie also darauf wie Menschen zu und mit Ihnen reden.

Wie motivieren Sie also die beiden Typen Mitarbeiter und worauf müssen Sie achten?

Sie werden sich vielleicht fragen, herrje, nun gebe ich ihm oder ihr eine Gehaltserhöhung und biete ihm sonst noch Vergütungen an und dies scheint ihn oder sie gar nicht zu interessieren, was für ein undankbarer Mensch?
Dieser Mensch und Mitarbeiter ist nicht undankbar, nur ist für diesen Mitarbeiter wichtiger, dass Sie mit ihm zufrieden sind und ihn loben und er das Gefühl hat, bei Ihnen einen sicheren Arbeitsplatz zu haben.

Eine solche Person können Sie nicht zwingend mit Geld und Geschenken motivieren als vielmehr mit Lob und Anerkennung.
Wie sieht das in der Praxis aus?
Nehmen wir an, Sie stellen sich vor Ihre versammelte Mannschaft und verkünden, dass Sie einen besonderen Anlass vorhaben, sagen wir, Sie planen einen Eintrag ins Guinness Buch der Rekorde.

Nun werden diejenigen die hin zu motiviert sind, sagen, wow cool und dann könnten wir noch…….., und diejenigen die weg von motiviert sind, würden sich erst mal Gedanken machen, was alles schief gehen könnte oder wo Probleme auftauchen könnten und würden Äusserungen von der Art; haben Sie dieses und jenes bedacht Chef und dort sehe ich noch ein Problem!

Am besten machen Sie dann zwei Gruppen, diejenigen die hin zu motiviert sind von Ihrer Belegschaft sollen sich Gedanken machen was Sie noch anbieten könnten und ob wir den Anlass drin oder draussen durchführen.
Diejenigen Mitarbeiter die weg von motiviert sind, bleiben nun erst einmal passiv und überlegen sich dann, nachdem sie von den hin zu motivierten Ideen und Vorschläge erhalten haben, Gedanken darüber, was zu tun ist, wenn eventuelle Probleme auftauchen würden und wie diese gelöst werden können.
Sie sehen also, die einen entwerfen einen Schlachtplan und die anderen kümmern sich hinterher um Problemlösungen und um einen Plan B, wenn dies von Nöten sein sollte.

Eine wesentlich nützlichere und produktivere Sicht der weg von Motivation besteht darin, *sie als weg von Problemen zu verstehen.*
Viele Menschen die zu dieser Art von Motivation neigen, sind ausgezeichnete Problemlöser, schon ihre Sprache verrät dies, denn sie kommen zu Ihnen und sagen Ihnen; Chef, es gibt da ein Problem, denn, wenn Sie das Problem sehen, müssen Sie es lösen.
Nach der Lösung eines besonders schwierigen Problems empfinden diese Menschen eine emotionale Entspannung und haben ein persönliches AHA Erlebnis.
Menschen mit einer hin zu Motivation bewegen sich auf Ziele zu und man kann dies auch an ihrer Ausdrucksweise erkennen, indem sie Sätze sagen wie; Mein Ziel ist es, erfolgreich zu sein und den besten Umsatz zu machen und anerkannt zu werden.
Wenn diese Kategorie von Menschen ihren Zielen näher kommen, erleben sie ein emotionales Hochgefühl, ein inneres Ja.

Achten Sie also auf die Art und Weise der Ausdrucksweise der Menschen um zu erkennen und herauszufinden, auf welche Art und Weise sich die betreffende Person motiviert, entweder hin zu oder weg von.

Und jetzt noch ein Wort zum Thema Kommunikation an dieser Stelle.

Als Chef geben Sie jeden Tag anderen Menschen Anweisungen und diese erwarten von Ihnen auch, Anweisungen zu erhalten.
Wenn Sie wollen, dass Ihre Mitarbeiter Ihre Anweisungen genauso ausführen wie Sie sich das vorstellen, dann sagen Sie stets zuerst das, was Sie nicht wollen und zuletzt das, was Sie wollen.
Zum besseren Verständnis an dieser Stelle ein Beispiel:

„Diesmal wollen wir dafür sorgen, dass für das Bankett das kalte Buffet rechtzeitig aufgebaut ist bevor die ersten Gäste den Saal betreten, Also bitte vorher sich genau überlegen wo was hinkommt und keine Verspätung mehr in letzter Minute, okay?"

„Diesmal genau überlegen wo was beim kalten Buffet für das Bankett aufgebaut wird und dass wir rechtzeitig mit dem Aufbau fertig sind bevor die ersten Gäste den Saal betreten. So sind wir im Zeitplan und haben keinen Stress, okay?"

Welcher der beiden obigen Sätze wirkt positiver auf Sie?
Im ersten Beispiel wird zuerst gesagt was das Ziel sein soll und anschliessend auf das Problem hingewiesen, was man vermeiden will.
Im zweiten Beispiel wird zuerst das Problem angesprochen (Aufbau des Buffets und der rechtzeitige Fertigstellung) und was Sie vermeiden wollen und darauf hingewiesen wird, was das Ziel ist (keinen Stress und in der Zeit).

Das zweite Beispiel wird deshalb von dem Mitarbeitern positiv aufgenommen, weil er das gesagt wird was man nicht will und ihnen dann vorgibt, was das Ziel sein soll und was Sie von ihnen erwarten und wünschen.
Weil Menschen immer nur das in Erinnerung behalten was ihnen zuletzt mitgeteilt wurde, ist es von Bedeutung, dass Sie zuletzt immer sagen was Sie erwarten und was das Ziel sein soll.
Dieses Prinzip kann auch auf andere Bereiche angewendet werden, zum Beispiel bei einem Telefonat oder einen Vorstellungsgespräch, erwähnen Sie immer zuerst was Sie nicht wollen und was vermieden werden soll und zum Schluss, das was Sie wollen und was das Ziel ist.

<u>Dadurch bleiben Sie in positiver Erinnerung und die Menschen kommen Ihren Wünschen und Anforderungen nach.</u>

Achten Sie in Zukunft auf diesen entscheidenden Unterschied in Ihrer Kommunikation mit Mitarbeitern und Ihrem Umfeld und Sie werden feststellen, dass die Menschen positiv reagieren und was noch viel besser ist, Ihre Anweisungen werden wunschgemäss durchgeführt und erledigt.

Persönliche Notizen und Umsetzungspunkte:

1. _____

_____

_____

2. _____

_____

_____

3. _____

_____

_____

4. _____

_____

_____

5. _____

_____

_____

Fassen wir also zusammen!

Eine gute Beziehung zu Gästen, Mitarbeitern und unserem Umfeld ist keine Hexerei, sondern vielmehr ein Verständnis für die Zusammenhänge des richtigen Umganges miteinander.

Ich vergleiche das Leben immer mit einem Puzzle Spiel oder einer Zahlenkombination bei einem Tresor.

Genauso wie bei einem Puzzle man zuerst keinen klaren Überblick hat, weil es so viele unterschiedliche Teile sind, ergibt sich mit der Zeit doch ein klares Bild, je mehr Teile zusammenpassen und je fortgeschrittener das Bild ist.

Oder die Kombination bei einem Safe, wenn die richtige Zahlenkombination bekannt ist, dann ist es ein leichtes den Safe zu öffnen und an seinen begehrten Inhalt zu kommen, kennen wir die Kombination jedoch nicht, so können wir probieren und üben solange wir wollen, der Safe will sich nicht öffnen und der Inhalt den wir so sehr begehren, bleibt uns verwehrt.

Mit unseren Mitmenschen ist es wie mit der Zahlenkombination eines Safes, kennen wir die richtige Kombination, haben wir einen wunderbaren Zugang zu anderen Menschen und sind imstande, eine harmonische Beziehung mit ihnen zu führen die auf gegenseitige Achtung und Wertschätzung basiert.

Oftmals braucht es nicht viel und wir haben die richtige Kombination eingestellt und finden den Draht und Zugang zu unseren Mitarbeitern, Gästen und Mitmenschen und aus meiner persönlichen Arbeit als Gastronom und Coach weiss ich, dass eine der spannendsten Aufgaben es ist, mit Menschen zu arbeiten, weil jeder von uns anders tickt.

Doch mit den richtigen Werkzeugen und dem richtigen Wissen kann ich mir Zugang zu jedem Menschen erschaffen und aufbauen, es braucht nur ein wenig Verständnis und Wissen über den Menschen an sich, seine Beweggründe und seine Geschichte.

Fangen wir also an, uns für unser Gegenüber zu interessieren und nehmen wir teil an seiner Geschichte, so wie jeder von uns seine eigene Geschichte hat und finden wir heraus, was diesen Menschen antreibt und was die Gründe sind, dass er oder sie das macht, was sie machen.

Das indianische Sprichwort passt in diesem Zusammenhang sehr gut hierher und erklärt alles Wichtige:

> *"Um einen anderen Menschen beurteilen zu können, musst du erst tausend Meilen in seinen Mokassins gehen:"*

Dale Carnegie und Napoleon Hill beschreiben dies wunderbar in ihren klassischen Bestsellern sehr gut, zeigen Sie Interesse an den Menschen um sich herum, was haben diese Menschen zu sagen.

Wenn wir es schaffen, ein aufrichtiges Interesse an Wertschätzung und Achtung anderen Menschen gegenüber aufzubringen, dann hilft dies nicht nur Ihnen selbst, sondern Sie tun damit der Welt und der Menschheit im Allgemeinen einen grossen Dienst.

Es geht hier nicht darum irgendeine theologische Abhandlung zu verfassen, doch all diese Punkte gehören dazu, wenn es darum geht, dass Sie dem Buchtitel getreu aus Ihren Gästen Ihre Freunde machen.

Und Sie haben auch bemerkt, dass es für eine gute Beziehung zum Gast und Kunden gar nicht so viel braucht, es sind die einen wichtigen Zutaten wie bei einer Zahlenkombination eines Tresors und wenn Sie diese kennen, dann eröffnet sich Ihnen eine neue wunderbare Welt.

Dieses Buch hegt auch nicht die Absicht ein Standardwerk zu sein oder zu werden, mir, dem Autor ist klar dass es den Einsatz und den Willen braucht, jeden Tag zu einem besonderen Tag zu machen.

Als Gastronom und Hotelier haben Sie es mit Menschen zu tun und das Wort Bedienung enthält das Verb „dienen", also jemand anderen einen Dienst zu erweisen.

Erweisen wir also unseren Gästen und Besuchern unsere Dienste indem wir Sie offen und herzlich begrüssen, uns ihm und seinen Gästen und Freunden unsere Wertschätzung und Dank entgegen bringen den er von uns erwartet.

Denn wir wollen von ihm dafür sein sauer verdientes Geld und wir sind ein Dienstleistungsunternehmen, also liefern wir was gewünscht und verlangt wird.

Heutzutage sind Ideen und Kreativität gefragt und in der Gastronomie haben wir jede Menge Möglichkeiten, um Ideen umzusetzen um so unseren Besuchern und Gästen ein Erlebnis zu bieten.

Und um den Gästen ein Erlebnis bieten zu können braucht es oftmals, wie Sie im vorliegenden Buch gelesen haben, oftmals gar nicht allzu viel, um den Wünschen und Erwartungen gerecht zu werden.

Vieles ist schon gemacht, indem Sie Ihren Gästen die nötige Aufmerksamkeit entgegenbringen, sie herzlich empfangen und wieder verabschieden.

Freundlichkeit und Aufmerksamkeit sind Tugenden die in unserer schnelllebigen Zeit und in der Hektik des Alltages gerne vergessen gehen und darum schätzen es Menschen umso mehr, wenn man sich als Wirt oder Hotelier sich dieser Tugenden wieder bewusst wird und diese lebt.

Vieles was Sie in diesem kleinen Ratgeber gelesen haben lässt sich rasch und ohne viel Aufwand umsetzen, doch – Sie müssen es tun und zwar jeden Tag – sind es die Essenzen für eine gute und fruchtbare Gästebindung.

Und um das geht es auch, um eine fruchtbare Beziehung und Bindung zu unseren Gästen damit diese immer wieder gerne zu uns kommen und uns auch ihren Gästen und Freunden weiterempfehlen.

Denn, wenn Sie es nicht tun, wird es ein anderer an Ihrer Stelle tun und für seine Bemühen belohnt werden, Ihre Mitbewerber schlafen nicht!

Ich selbst habe dies in meiner jahrelangen Tätigkeit als Wirt immer wieder festgestellt und diese Methoden von denen ich Ihnen in diesem Buch berichtet und erzählt habe, funktionieren.

Denn, egal ob Hotel oder Restaurant oder Schnellimbiss, es geht immer um Menschen und um ihre Bedürfnisse nach Anerkennung und Wertschätzung, die Infrastruktur und der Ort mögen anders sein, doch das Prinzip bleibt immer dasselbe.

Und bedenken Sie, wenn ein System an einem Ort funktioniert, dann funktioniert es genauso an einem anderen Ort.

Das kann man auch sehr gut in der Systemgastronomie beobachten, die Basis und die Produkte bleiben sich gleich, alles was wechselt sind die Mitarbeiter und die verschiedenen Standorte.

Oder wie wir am Beispiel der Luxemburgerli bei Sprüngli gesehen haben, diese werden in die ganze Welt hinaus verkauft und verschickt, Menschen rund um den Erdball lieben gute hochwertige Produkte und sind bereit, dafür den entsprechenden Preis zu zahlen.

Oder wie wir anhand der Philosophie von Steve Jobs gesehen haben, wenn wir anderen Menschen dabei helfen, deren Ziele und Wünsche zu erreichen, werden Sie uns breitwillig unterstützen, unsere Dienstleistungen und Produkte.

Oder wie wir gesehen haben, sind es kleine Aufmerksamkeiten die dafür sorgen, dass wir bei unseren Mitmenschen in guter Erinnerung bleiben, eine von Hand geschriebene Willkommenskarte auf dem Bett des Gastes in seinem Zimmer.

Einen Begrüssungsdrink der aufs Haus geht, die persönliche Anrede mit Vor und Nachnamen.

Eine Beziehung zwischen zwei Menschen ist wie eine Pflanze, damit diese wachsen und gedeihen kann, bedarf es der nötigen Düngung und so wie eine Pflanze Licht und Wasser braucht damit sie wachsen und gedeihen kann, brauchen menschliche Beziehungen ebenfalls Licht und Wasser in Form von Aufmerksamkeit und Wertschätzung.

Diese Bedingungen sind unerlässlich, vernachlässigen Sie sie werden Ihnen die Gäste ausbleiben und sich nach einem Restaurant oder Hotel umsehen, wo diese Bedingungen zu ihren Erwartungen erfüllt werden.

Ich hoffe, Ihnen mit dem vorliegenden Buch ein paar wertvolle Anregungen mit auf den Weg gegeben haben zu dürfen und wünsche Ihnen, Ihren Mitarbeitern und Gästen eine tolle und für alle Seiten inspirierende langanhaltende Bindung.

Wenn Sie die in diesem Buch erwähnten Ratschläge sich zu Herzen nehmen und konsequent umsetzen und anwenden, bin ich mir sicher, ja ich bin sogar davon überzeugt, dass Sie schon nach kurzer Zeit eine spürbare Veränderung bei Ihren Gästen und Mitarbeitern feststellen werden.

Erinnern wir uns nochmals an den Zweck dieses Buches, Kochsendungen und Kochbücher gibt es zuhauf, doch selten findet man einen Ratgeber wie man aus seinen Gästen Freunde des Hauses macht.

Und wie ich aufgrund meiner Beobachtungen und Recherchen bemerkt habe, ist es ein Anliegen von vielen Gästen und auch von Seiten der Gastronomen, einen solchen Ratgeber zur Hand zu haben.

Denn, das Image der Gastronomie ist vielerorts angeschlagen und steht nicht zum Besten, einige der Gründe habe ich Ihnen versucht in diesem Buch darzulegen.

Es liegt nicht an den Gästen oder an der Lage, ich kenne Gastronomie Betriebe die liegen „abseits vom Schuss" und sind doch sehr gut frequentiert und ich kenne Gastronomie Gaststätten, da müssen Sie mittags warten, wenn Sie nicht reserviert haben!

Wenn Sie nun wissen wollen, wie es diese Betriebe schaffen dass sie derart angerannt werden von ihren Gästen, die Antworten finden Sie in diesem kleinen Buch, das Sie gerade in Ihren Händen halten.

Es sind die kleinen Dinge, die kleinen entscheidenden Dinge die diese Betriebe anders machen und die ihnen ihren Erfolg bescheren.

Machen Sie am besten das Exempel selbst und besuchen Sie einen Betrieb in Ihrer näheren Umgebung der bekannt dafür ist, dass er gut läuft.

Besuchen Sie ihn und schauen Sie, was dieser Betrieb, angefangen vom Chef über deren Mitarbeiter machen, damit der Betrieb so gut läuft, wie ist das Erscheinungsbild und die Begrüssung?

Erfolg ist kein Zufall, sondern das Resultat einer bestimmten Handlungsweise und einer bestimmten inneren Geisteshaltung.

Sie werden feststellen, dass diese Betriebe (vielleicht bewusst oder unbewusst) eine Mehrzahl der hier aufgeschriebenen Punkte befolgt, und weil sich deren Besitzer oder Geschäftsführer bewusst ist, was es heisst, eine gute Beziehung zu seinem Gästen zu haben.

Geben Sie ihren Gästen einen Mehrwert und somit einen Grund, genau zu Ihnen zu kommen und nicht in ein anderes Restaurant oder Hotel, was bieten Sie, das er sonst nirgends bekommt.

Und hier sind wir wieder am Punkt und der Frage; wofür wollen Sie und Ihr Betrieb bekannt sein?

Beobachten Sie den Markt und die Bedürfnisse Ihrer Gäste und bieten und liefern Sie deren Befriedigung, wo wir wieder beim Punkt der Umfrage sind, denn es spielt keine Rolle was Sie wollen, sondern das was Ihr Gast will, denn er und nur er bringt Ihnen Umsatz.

Um den Kreis an dieser Stelle zu schliessen und das Bild abzurunden, bleibt am Schluss als Quintessenz dieser ganzen Beobachtungen und Feststellungen übrig:

„Was zählt, ist das Ergebnis und sonst gar nichts!"

Welches zählbare Ergebnis wollen Sie erzielen?

Herzlichst
Ihr Fritz Dominik Buri

Persönliche Notizen und Umsetzungspunkte:

1. _____

_____

_____

2. _____

_____

_____

3. _____

_____

_____

4. _____

_____

_____

5. _____

_____

_____

Über den Autor

Fritz Dominik Buri Jahrgang 1963 in Stans im Kanton Nidwalden in der Schweiz zur Welt gekommen, ist in Ennetbürgen aufgewachsen.
Nach seiner Berufslehre als Koch in einem traditionellen gutbürgerlichen Restaurant absolvierte er eine Zusatzlehre als Kellner und besuchte die Hotelfachschule Belvoirpark in Zürich.

Er arbeitete mehrere Jahre als Geschäftsführer in verschiedenen Gastronomie Betrieben und reorganisierte mehrere Jahre heruntergekommene Gastronomie Betriebe und stellte sie wieder auf eine gesunde wirtschaftliche Basis.

Später bildete er sich weiter auf dem Gebiet des neurolinguistischen Programmings kurz NLP genannt um sein Wissen über das menschliche Verhalten und Spitzenleistung zu vertiefen.
Heute gibt Fritz Dominik Buri sein breites Wissen an Berufsleute aus der Gastronomie weiter und setzt sich dafür ein, der Gastronomie zu einem besseren Licht und Ansehen in der Öffentlichkeit zu verhelfen.

Neben seiner eigenen persönlichen Kolumne in der Online Zeitung Happy Times ist er der Autor der Buchreihe Schluss mit Frust von dessen Reihe es inzwischen vier Bände sowie einen Sammelband & Arbeitsbuch gibt, die alle auf Amazon erhältlich sind.
Daneben schreibt Fritz Dominik Buri noch Romane.

Fritz Dominik Buri lebt heute wieder in Ennetbürgen.

www.ingramcontent.com/pod-product-compliance
Lightning Source LLC
Chambersburg PA
CBHW081834170526
45167CB00007B/2796